本书获得了重庆第二师范学院科研平台
"新时代青少年思想政治教育协同育人研究中心"
（编号：2021XJPT04）的资助

中国社会主义改革的理论与实践研究

戴佳朋 著

天津出版传媒集团

天津人民出版社

图书在版编目（CIP）数据

中国社会主义改革的理论与实践研究 / 戴佳朋著
. — 天津：天津人民出版社，2021.12
　ISBN 978-7-201-18193-6

　Ⅰ．①中… Ⅱ．①戴… Ⅲ．①社会主义建设模式－研
究－中国②体制改革－研究－中国 Ⅳ．①D61

　中国版本图书馆 CIP 数据核字 (2021) 第 278447 号

中国社会主义改革的理论与实践研究
ZHONGGUO SHEHUIZHUYI GAIGE DE LILUN YU SHIJIAN YANJIU

出　　版	天津人民出版社
出 版 人	刘　庆
地　　址	天津市和平区西康路 35 号康岳大厦
邮政编码	300051
邮购电话	(022)23332469
电子信箱	reader@tjrmcbs.com
责任编辑	武建臣
装帧设计	汤　磊
印　　刷	天津新华印务有限公司
经　　销	新华书店
开　　本	710 毫米 × 1000 毫米　1/16
印　　张	13.5
插　　页	2
字　　数	210 千字
版次印次	2021 年 12 月第 1 版　2021 年 12 月第 1 次印刷
定　　价	66.00 元

目　录

Contents

绪　　论

一、基本概念解析

（一）改革

在《现代汉语词典》第 6 版里，将改革定义为："把事物中旧的不合理的部分改成新的、能适应客观情况的。"①1890 年，恩格斯提及社会主义社会的发展动力时说："所谓'社会主义社会'不是一种一成不变的东西，而应当和任何其他社会制度一样，把它看成是经常变化和改革的社会。"②这表明，恩格斯把改革视为未来社会的发展动力，认为改革是解决社会主义基本矛盾的基本形式。在社会主义建设实践上，列宁是最早提出和论述改革的思想家和理论家。1921 年，列宁在《论黄金在目前和社会主义完全胜利后的作用》一文中，明确指出：无产阶级夺取和巩固政权以后，"对于一个真正的革命者来说，最大的危险，甚至也许是唯一的危险，就是夸大革命作用……要善于改用改良主义的行动"③。这里所讲的"改良主义的行动"，实际上指的是改革。④ 列宁认为改革是一种自上而下的，"审慎地、缓慢地、逐渐地改造

---

① 《现代汉语词典》（第 6 版），商务印书馆，2012 年，第 416 页。
② 《马克思恩格斯选集》（第四卷），人民出版社，1995 年，第 693 页。
③ 《列宁选集》（第四卷），人民出版社，1995 年，第 612 页。
④ 参见陈洪玲：《中共推进马克思主义时代化研究》，人民出版社，2015 年，第 253 页。

旧事物,力求尽可能少加以破坏"①。毛泽东认为社会主义社会的基本矛盾仍然是生产力和生产关系、经济基础和上层建筑之间的矛盾,它们之间既相适应又相矛盾。这意味着社会发展也必然需要改革,用改革去推动矛盾发展,进而推进社会发展。邓小平指出:"改革的性质同过去的革命一样,也是为了扫除发展社会生产力的障碍……从这个意义上说,改革也可以叫革命性的变革。"②这句话说明,改革和革命处于同一词阶位置,它们的性质都是解放和发展生产力。张鸿文等认为在人类历史上,社会的变化发展过程中存在着革命和改革两种形式。用一种社会形态取代另一种社会形态的急剧变化方式,也即是改变根本制度的方式则是革命。而在同一种社会形态内,"在不改变社会根本制度的情况下,对该社会的某一方面或整个体制作较大的变动,则可以称作改革"③。综上,改革可认为是在不改变社会根本制度的前提下,去除社会发展中不适宜生产力发展的体制机制,重新建设适应生产力发展的体制机制,其性质是使生产力得以解放和发展,其目的是推动经济社会发展。

(二)社会主义改革

在马克思主义经典作家看来,社会主义不是固定不变的模式,而是一个不断发展和变革的过程。恩格斯在论述马克思对黑格尔辩证法所作的变革时曾经指出:"世界不是一成不变的事物的集合体,而是过程的集合体,其中各个似乎稳定的事物以及它们在我们头脑中的思想映象即概念,都处在生成和灭亡的不断变化中。"④正是基于这种无限发展的辩证思想,恩格斯认为"'社会主义社会'不是一种一成不变的东西"⑤。马克思主义的这种辩证发展观告诉我们,社会主义也像其他任何社会制度一样,不是一卜子产生和成

① 《列宁选集》(第四卷),人民出版社,1995 年,第 611 页。
② 《邓小平文选》(第三卷),人民出版社,1993 年,第 135 页。
③ 张鸿文主编:《社会主义改革学原理》,天津大学出版社,1991 年,第 42 页。
④ 《马克思恩格斯全集》(第 21 卷),人民出版社,1965 年,第 337 页。
⑤ 《马克思恩格斯文集》(第十卷),人民出版社,2009 年,第 588 页。

熟、完善的。它将是不断地发展,经常地变化和改革,从而走向更新、更高、更完善的过程。社会主义走向成熟的过程实质是马克思主义基本原理在现实实践中的具体运用,马克思、恩格斯反复强调将马克思主义基本原理与各国具体实践相结合,"这些原理的实际运用,正如《宣言》中所说的,随时随地都要以当时的历史条件为转移"①。列宁也曾指出:"这些原理的应用具体地说,在英国不同于法国,在法国不同于德国,在德国又不同于俄国。"②由此可见,社会主义是马克思主义与国情、时代和民族相结合的生成过程。这种结合的生成过程,决定了社会主义是在实践中不断地变化和改革。社会主义是人类文明的进步,从根本上说社会主义制度是科学的和优越的,是人类社会的夙愿,体现出了人类的价值追求。所以社会主义改革,从理论层面上看是将马克思主义与国情、时代和民族相结合的过程;从实践层面看,是在坚持社会主义基本制度的前提下,完善与发展社会主义制度,使社会主义的各项机制体制更适应生产力的发展需要,进而满足人民群众对美好生活向往的价值追求。

(三)中国社会主义改革

从社会主义改革的概念分析可知,社会主义社会不是一成不变的社会,而是一个在改革前进中的社会,其建设历程更是在不断推动马克思主义本土化发展。历史和现实决定了我国的社会主义尚处于社会主义初级阶段。因此它更需要根据不断发展、变动的新情况,在实践中进一步完善与发展社会主义制度。邓小平指出:"我是主张改革的,不改革就没有出路,旧的那一套经过几十年的实践证明是不成功的。"③在此基础上,邓小平进一步强调:"社会主义基本制度建立以后,还要从根本上改变束缚生产力发展的经济体制,建立起充满生机和活力的社会主义经济体制,促进生产力的发展,这是

---

① 《马克思恩格斯选集》(第一卷),人民出版社,1995 年,第 248 页。
② 《列宁选集》(第一卷),人民出版社,1995 年,第 274～275 页。
③ 《邓小平文选》(第三卷),人民出版社,1993 年,第 237 页。

改革。"①从中国社会主义改革的进程看,是改革触动了开放,开放又倒逼改革,其共同目的都是解放和发展生产力。从改革与开放二者的因果关系来看,改革是社会主义社会发展的直接动力,开放是社会主义社会发展的必要条件。所以中国社会主义改革是改革与开放并举,缺一不可。因此,改革、中国社会主义改革与改革开放在词阶上具有同一的指称意义,在一定语境下可互换使用。基于此意,本书中的改革、改革开放与中国社会主义改革是同一的表述,具有同一的表意。在改革实践推动下,党的十四大提出了建立社会主义市场经济体制的改革目标,对原有的计划经济体制进行了根本性变革。江泽民指出:"坚持改革开放,不断完善社会主义市场经济体制。改革开放是强国之路。"②胡锦涛指出:"改革开放是决定当代中国命运的关键抉择,是发展中国特色社会主义、实现中华民族伟大复兴的必由之路。"③习近平指出:"改革开放是当代中国发展进步的活力之源,是我们党和人民大踏步赶上时代前进步伐的重要法宝。"④通过以上分析可知,中国社会主义改革在理论上是不断推进马克思主义中国化发展的进程;在实践上,是在坚持社会主义基本制度下,对原有经济体制进行根本性变革,从根本上改变束缚我国生产力发展的经济体制,建立起充满生机活力的崭新的社会主义市场经济体制,同时相应推动其他领域体制机制改革,其最终目的是实现中华民族的伟大复兴。

(四)创新与启示

创新与启示是本书的题眼所在,正确把握创新与启示的含义,才能理解中国社会主义改革创新与启示的命题要义所在。创新:在《现代汉语词典》第6版里被定义为"创造性.新意"⑤。中国社会主义改革"为什么能",而东

---

①　《邓小平文选》(第三卷),人民出版社,1993年,第370页。

②　《江泽民文选》(第三卷),人民出版社,2006年,第534页。

③　《胡锦涛文选》(第二卷),人民出版社,2016年,第619页。

④　中共中央文献研究室编:《习近平关于全面深化改革论述摘编》,中央文献出版社,2014年,第4页。

⑤　《现代汉语词典》(第6版),商务印书馆,2012年,第205页。

欧地区社会主义改革却失败了,相比而言中国社会主义改革就具有创造性,是一种新意。因此,本书的创新是指中国社会主义改革成功的原因所在,具体而言就是中国社会主义改革有了正确的改革理论和推进改革实践的方法。理论创新主要体现在,明确了社会主义改革的方向、实质、目的和策略,主要在于回答了改什么问题。对这个问题的清晰回答,有助于帮助人们厘清思想认识,进一步凝聚改革的共识。在正确的改革理论指导下,我们的改革实践才能顺利推进。由此可见,改革理论的创新对改革成功与否至关重要,这是中国的社会主义改革走向成功的重要原因所在。实践创新是理论创新在实践中的具体运用的体现,即中国的社会主义改革在实践中是如何推进的,主要在于回答了怎么改的问题。启示:在《现代汉语词典》第6版里被定义为"通过启发提示而领悟的道理"①。中国社会主义改革的启示也就在于通过对中国社会主义改革理论和实践的创新研究,揭示出推进社会主义建设与改革应遵循的基本要求。

二、选题背景和意义

(一)选题背景

改革开放四十多年是马克思主义与中国特色社会主义建设实践相结合的历史过程,是一部恢宏的史诗。其伟大的历史意义在于既在理论上创新和发展了社会主义,又在实践上推动了中国社会主义现代化建设,深刻地改变了中国人民的命运。在当代中国,继续推进改革和全面深化改革,就是对马克思主义的坚持与发展已成共识。科学总结中国社会主义改革的创新与启示,不仅可以较好地揭示中国社会主义改革"为什么能",而且又能前瞻社会主义的发展趋势。

对改革开放的研究是当前学术界的热点,其研究旨意在于总结改革开放的经验,不断推动改革。但也应该看到,当前对改革开放经验的总结,未

① 《现代汉语词典》(第6版),商务印书馆,2012年,第1022页。

能较好从改革的理论和实践上去整体把握社会主义改革"为什么能"的原因。另外在对经验的总结上,呈现出经验的个性化强和经验的条数多,而缺乏经验的共性认识,致使经验的普适性意义弱。这些问题的存在也为本书的研究提供了较好的切入点。本书在既有的改革经验中,注重从整体上提炼中国社会主义改革的创新所在,然后又从中国社会主义改革的创新去启示未来的社会主义建设,这样的研究思路更有助于说明中国社会主义改革"为什么能"。

马克思指出:"问题就是公开的、无畏的、左右一切个人的时代声音。问题就是时代的口号,是它表现自己精神状态的最实际的呼声。""世界史本身,除了通过提出新问题来解答和处理老问题之外,没有别的方法。"①问题是研究的出发点。党的十一届三中全会以来,中国开启了改革开放历程,四十多年风雨兼程,中国社会主义现代化建设取得了举世瞩目的巨大成就。但是经济社会的发展也面临诸多问题,比如生态环境破坏、腐败问题,以及国内外对社会主义改革存有的质疑,这些问题在一定程度上形成了改革开放的羁绊。本书试图从不同层面和角度有针对性地回答和阐释这些备受人民群众关注的理论问题和现实问题,并回击国际社会对中国特色社会主义的质疑,从而提高对改革开放的认同,增强中国特色社会主义的吸引力。

(二)研究意义

中国社会主义改革创生出了中国特色社会主义,这既是对科学社会主义的创新和发展,又是对世界社会主义运动的一种引领。对中国社会主义改革的创新和启示进行研究,不仅将夯实中国特色社会主义"四个自信"基础,而且为社会主义发展提供了新的思路。

理论上,本书提出了从整体的视角去认识中国社会主义改革的创新所在,即整合改革的理论创新和实践创新。本书对这两大创新的整合分析不仅形成了中国社会主义改革"为什么能"的整体性认识,而且发展了社会主

---

① 《马克思恩格斯全集》(第40卷),人民出版社,1982年,第289~290页。

义改革学说。在此基础上,本书从与时俱进发展马克思主义、社会主义实践、坚持党的领导和社会主义内涵四个方面揭示出在新的历史条件下如何认识与推进社会主义建设,进而丰富和发展了社会主义理论。特别是本书提出了,从内涵与实践两个维度去认识社会主义,进而形成了社会主义是静态与动态相统一的整体认识。这就在一定程度上丰富和发展了人民群众对社会主义的认识。

实践上,本书进一步加深了"何以解忧,唯有改革"的认识,明确了中国只有改革才有出路。通过对中国社会主义改革创新分析,进一步明确了在实践中只有坚持党的领导,才能确保改革成功,帮助人们更加认识到中国共产党的领导是中国特色社会主义的最本质特征。在具体分析中,本书通过由点到面和由浅入深的层层深入,进而帮助更多的人认识改革和理解改革,有助于进一步凝聚改革共识,使中国特色社会主义更加深入人心。另外,本书通过对中国的社会主义改革的创新研究,不仅说明了社会主义在实践中还需要不断完善,而且揭示了如何在实践中坚持和发展社会主义,为世界社会主义运动提供了新的发展视角。

三、研究现状及有待提升之处

(一)国内研究现状

党的十八届三中全会通过的《中共中央关于全面深化改革若干重大问题的决定》,将改革开放顺利推进的经验,总结为"四个坚持":一是坚持党领导,二是坚持解放思想,三是坚持以人为本,四是坚持正确处理改革发展稳定关系。[①] 2018 年 12 月 18 日,习近平在庆祝改革开放 40 周年大会上的讲话中,将 40 年改革开放的经验总结为"九个坚持"。"九个坚持"不仅是对"四个坚持"的丰富和发展,而且更具辩证思想。如第一条"坚持党的领导"与第八条"坚持从严治党"是相契合的,要坚持党的领导就必然要求从严治

---

① 参见杨海英主编:《全面深化改革研究》,中国人民大学出版社,2016 年,第 22 页。

党,只有从严治党才能保障坚持党的领导;第九条明确要求坚持辩证唯物主义方法论,要增强辩证思维。[①] 党中央对改革开放经验的高度总结,构成了本书最坚实的理论基础和理论依据。

改革开放四十多年,学术界高度关注其历史进程,用学术讲政治是其研究的一大特点。学者们根据个人研究的兴趣和爱好,结合自己的特长,从改革开放的历史背景,路径选择,经验分析,中国特色社会主义等方面展开研究,取得了丰硕的研究成果。在学术界形成了一定的"中国模式"和"中国经验"认识。对这些概念的逻辑分析,从某种意义上也可认为是对改革开放"为什么能"的方法总结。总之,有关改革开放、中国特色社会主义、"中国模式"和"中国经验"的相关研究成果构成了本书的前期研究基础。

通过对文献的梳理,我们发现对改革开放的研究,大致掀起了三轮研究高潮,其时间点主要集中在改革开放 30 周年、40 周年际和党的十八届三中全会后。据不完全统计,仅 2008 年以来,我国理论界出版的有关改革开放的学术专著就有近百部。其中既有整体性(改革历程、中国经验、中国模式)的研究,又有分领域(哲学、政治学、经济学、生态、社会、文化、党建等)的研究。其代表性成果有徐斌著《中国改革为什么能成功》(世界图书知识出版社,2018 年),周瑞金著《皇甫平:中国改革何处去》(浙江人民出版社,2016 年),王怀超主编《社会发展理论研究》(中共中央党校出版社,2016 年),杨海英主编《全面深化改革研究》(中国人民大学出版社,2016 年),郑永年著《中国改革路线图》(东方出版社,2016 年),胡键著《理解中国的改革》(学林出版社,2015 年),魏加宁、王莹莹著《改革方法论与推进方式研究》(中国发展出版社,2015 年),王伟光著《改革开放和中国经验》(社会科学文献出版社,2014 年),詹宏伟著《中国改革与个人主体》(中国社会科学出版社,2014 年),吴敬琏、俞可平著《改革共识与中国未来》(中央编译出版社,2013 年),萧冬连著《国步艰难——中国社会主义路径的五次选择》(社会科学文献出

---

① 参见习近平:《在庆祝改革开放 40 周年大会上的讲话》,《人民日报》,2018 年 12 月 19 日。

版社,2013 年),邓聿文著《中国改革新观察》(新华出版社,2013 年),高尚全、傅治平著《人民本位论》(人民出版社,2012 年),丁学良著《辩论"中国模式"》(社会科学文献出版社,2011 年),姜文泽著《改变——回望中国改革开放的三十年》(中国华侨出版社,2009 年),迟福林主编《建言中国改革》(中国经济出版社,2008 年),梅荣政著《中国特色社会主义基本问题研究》(武汉大学出版社,2007 年)等学术著作,此外还有大量的学术论文。

这些已有的研究成果,其具体的写作致思与旨意上是各不相同的,其研究的视角和问题切入点也是各异,都有自己关注的问题和研究目标,形成了不同的对中国社会主义改革"为什么能"的认识。这些认识概括起来有主要有以下三个方面:

1. 对改革开放顺利推动的认识

(1)历史发展的必然是改革开放的根本原因

从历史角度看,改革开放是一部宏大的历史叙事史,对改革开放历史史事的梳理,能深刻理解中国为什么要改革。针对"文化大革命"后中国经济社会的种种弊端,邓小平指出:"如果现在再不实行改革,我们的现代化事业和社会主义事业就会被葬送。"①由此可见,历史发展的必然是改革开放的最根本原因。从历史发展的必然性角度理解改革开放,学术界认为要从这两个角度去把握,即改革开放的历史发生背景和对社会主要矛盾的认识上。

其一,改革开放历史背景分析。

为什么要改革开放?为什么"改革只有进行时"?这两个问题的实质也就是对改革开放的历史必然性的回答。回答这两个问题,需要从改革开放那恢宏史事的历史背景中去寻找答案。对改革开放历史背景的分析,章百家的研究具有典型意义。他将改革开放的历史背景置于中国近现代史中进行研究,由此得出改革开放是历史发展必然的结论。根据不同的历史时间,章百

---

① 中共中央文献研究室编:《三中全会以来重要文献选编》(上),中央文献出版社,2011 年,第26 页。

家将改革开放的历史背景分为"近景、中景和远景"三个历史视距,并认为这三个历史视距具有内在联系,是环环相扣的。近景是"四人帮"垮台之后的两年,对这两年的分析,章百家认为就两个特点:一是十年内乱后,人们已经有所反思和确立新的认知,发现旧路不通,需要找一条新路;二是人们认识到中国落后了,与世界发达国家有着巨大差距,迫切需要加快现代化建设。①

只从近景角度分析,不能很好解释新中国成立以来,改革开放前后两个时期的关系。要解释改革开放前后两个时期关系,以及改革开放为什么要保持方向不变和旗帜不倒的原因。章百家认为还应该将历史视距拉大,进入历史背景中的中景分析,即从新中国成立到"文化大革命"结束的这27年。对此,程恩富认为新中国成立后在毛泽东时代,我们的综合国力从新中国成立前的第24位提高到第10位,在不到30年的时间提高到世界前10位,而且建立起了比较完整独立的工业体系和国民经济体系。② 李媛、任保平用经济定量化的方法对1952—1978年经济社会发展状态进行分析,得出"中国改革开放前的发展为改革开放后的经济起飞奠定了坚实的基础"③的结论。由此可见,改革开放前后这两段时期的关系并不是互相对立的,改革开放前的时期为改革开放后的时期发展积累了物质基础和经验准备,这正是为什么经济社会的发展选择的是改革开放之路,而非"改旗易帜"之路的原因所在。正如习近平指出:"改革开放前和改革开放后两个历史时期相互联系又有重大区别,但绝不是彼此割裂的,更不是根本对立的,不能用改革开放后的历史时期否定改革开放前的历史时期,也不能用改革开放前的历史时期否定改革开放后的历史时期。"④

---

① 参见于洪生、缪开金编:《改革开放实践与中国特色社会主义理论体系》,人民出版社,2010年,第33页。

② 同上,第77页。

③ 李媛、任保平:《改革开放前中国经济社会发展绩效评价》,《当代中国史研究》,2015年第4期。

④ 中共中央宣传部:《习近平总书记系列重要讲话读本》,学习出版社、人民出版社,2014年,第19页。

为了进一步认识改革开放的重大历史意义，章百家认为还应该将改革开放历史背景的视距再一次延伸至中国近代以来的历史中，即"远景"分析。中国近代史是一部中国人民追求"国强民富"的恢宏巨著。从这个角度看，改革开放是对中国近代以来历史使命的继承和发展，有其深刻的历史意义和丰富的价值内涵，这样就能更好理解"改革开放只有进行时、没有完成时"①的历史论断。

其二，必须正确认识社会的主要矛盾。

正确认识当前所处的社会发展阶段和社会主要矛盾，是改革开放制定各项政策的历史前提。只有正确认识当前社会的发展阶段，才能抓住社会主要矛盾，党和国家工作才能有的放矢，进而推动经济社会发展。在《关于建国以来党的若干历史问题的决议》中提出了"我们的社会主义制度还是处于初级的阶段"②，并指出社会的主要矛盾是"人民群众日益增长的物质文化需要同落后的社会生产之间的矛盾"③。党的十三大报告全面阐述了社会主义初级阶段的目标、特征和任务。当前社会发展阶段的性质和社会主要矛盾的确定，其重要意义在于明确了解放和发展社会生产力是党和国家的中心任务。"当不变革旧的生产关系，生产力就不能继续发展"④，因此要解放和发展生产力，就必须得改革原有的计划经济体制，这集中反映在对"传统社会主义经济的计划经济、生产资料公有制、按劳分配认识的重大突破上"⑤。由此可见，社会主要矛盾决定了中国必然要进行改革开放。

改革开放时至今日，中国社会已发生了今非昔比的变化，经济实力已位居世界第二。社会结构从改革开放之初的社会单一结构形式向多层次化方

---

① 中共中央文献研究室编：《习近平关于全面深化改革论述摘编》，中央文献出版社，2014年，第13页。

② 中共中央文献研究室编：《三中全会以来重要文献选编》（下），中央文献出版社，2011年，第166~167页。

③ 同上，第168页。

④ 陈先达、杨耕：《马克思主义哲学原理》，中国人民大学出版社，2010年，第209页。

⑤ 高尚全：《改革历程》，经济科学出版社，2008年，第128页。

向发展,人民的需求从单一的物质需求向需求的多样化方向发展,发展的"不平衡"和"不充分"弊端已显现。正如习近平总书记在党的十九大报告中指出,"我国社会主要矛盾已经转化为人民日益增长的美好生活需要和不平衡不充分的发展之间的矛盾"[①]。这意味着,新的社会主要矛盾决定了当前改革开放必然进入了全面深化改革阶段。

所以搞社会主义建设,必须对当前历史阶段要有正确的认识,把握好社会主要矛盾,才能"准确把握社会主义发展的根本动力"[②]。所以推进改革开放,必然需要准确判断社会主要矛盾,进而推进经济社会发展。

(2)何以解忧,唯有改革

中国社会主义改革,从最初碰到的思想障碍阻力到今天要涉"深水区"和"啃硬骨头"的压力来看,改革可谓难题多多、矛盾重重。面对诸多困境,学术界形成了"何以解忧,唯有改革"的共识。只有改革才能突破发展障碍,中国才能实现"富起来"的目标。改革开放四十多年,有三个主要历史节点值得关注,即改革开放起点、提速点和深化点。在这三个历史节点上,中国的发展实现了历史性飞跃,而完成这一飞跃的正是依靠改革。只有改革才破解了难题,赢得了发展,正如习近平指出:"改革开放是决定当代中国命运的关键一招。"[③]

第一个历史节点,党的十一届三中全会是改革开放的起点。党的十一届三中全会前夕,邓小平的《解放思想,实事求是,团结一致向前看》"是我国社会主义改革开放和现代化建设进程中的第一篇政治宣言书"[④],其历史意义在于促使了党的执政方式转变,标志着我国吹响了现代化建设的集结号,我国由此驶入发展的快车道。如姜文泽在《改变:回望中国改革开放的三十

①　习近平:《决胜全面建成小康社会　夺取新时代中国特色社会主义伟大胜利——在中国共产党第十九次全国代表大会上的报告》,人民出版社,2017年,第11页。
②　孟鑫:《中国共产党创新改革理论的基本特点》,《党政研究》,2018年第4期。
③　中共中央文献研究室编:《习近平关于全面深化改革论述摘编》,中央文献出版社,2014年,第3页。
④　王伟光:《改革开放和中国经验》,社会科学文献出版社,2014年,第7页。

年》里指出,"十一届三中全会确立了三个转变,即把'以阶级斗争为纲'转变为'以经济建设为纲',从封闭转到开放,从墨守成规转到各方面的改革"①。改革开放由此拉开历史序幕。

第二个历史节点,建立社会主义市场经济体制是改革开放的提速点。党的十四大提出建立社会主义市场经济体制,意味着全面结束有计划的商品经济体制,这是经济体制改革的重大突破,是我国走向与国际接轨的关键一步。王怀超认为市场经济体制是"我国经济体制改革进入攻坚阶段的一个重大战略决策,是实现从旧经济体制向新经济体制过渡的宏伟蓝图"②。这就明确了"市场是手段",结束了姓"资"姓"社"的理论争论,改革开放由此进入全面提速期,中国经济进入高速增长期。

第三个历史节点,全面深化改革是改革开放的深化点。邓小平在 20 世纪 90 年代就指出:"发展起来以后的问题不比不发展时少",而且"问题也会越来越多,越来越复杂,随时都会出现新问题"。③ 改革开放时至今日,各类问题呈现交织状态,结构性矛盾尤为突出,中国的经济发展处于"增长速度换挡期、结构调整阵痛期和前期刺激政策消化期的'三期叠加'期"④。面对问题,"何以解忧,唯有改革",党的十八大提出供给侧结构性改革,党的十八届三中全会通过《中共中央关于全面深化改革若干重大问题的决定》,以此推进改革开放全面布局和深化发展。

从以上分析可以看出,这三个历史节点在改革征程上具有里程碑意义。它体现出了改革的进程在不断推进和深化中,时至今日的改革已呈现出立体化推进趋势,改革的内容全面而且丰富。

---

① 姜文泽:《改变:回望中国改革开放的三十年》,中国华侨出版社,2009 年,第 10 页。
② 王怀超:《中国改革开放的历史进程与基本经验》,《科学社会主义》,2009 年第 6 期。
③ 中共中央文献研究室编:《邓小平年谱(1975—1997)》(下),中央文献出版社,2004 年,第 1364 页。
④ 杨海英主编:《全面深化改革研究》,中国人民大学出版社,2016 年,第 16～17 页。

（3）改革的活力是解放思想

人是生产力的要素之一，而且是其最重要和最活跃的因素。没有对人的思想的解放，解放生产力就是一句空话。解放思想主要在于让"人的因素愈益深广的解放"①，从而让社会充满活力，达到解放生产力的目的。

基于历史原因，我们国家受苏联模式影响，对社会主义的认识长期局限在"一大二公三纯"的生产关系上，教条式错误地认识社会主义，所以"中国要真正走上改革开放的道路，还必须经历一场思想解放运动"②。"思想解放引向对历史的全面反思"③，通过开展真理标准问题大讨论来解放思想，进一步廓清个人迷信、"以阶级斗争为纲"和"两个凡是"的错误思想，从而在思想上进行拨乱反正。思想的解放，使人们摆脱了对社会主义进行"本本主义"认识的局限，展开了"对价值规律、按劳分配、价格等经济问题的讨论"④，帮助人们"廓清离开生产力来抽象谈论社会主义的种种空想的历史唯心主义观念"⑤，由此开启了在实践中不断深化对社会主义本质的再认识。在解放思想的推动下，党和国家"陆续推出一系列改革开放措施，批准特区建设……全面推广家庭联产承包责任制……开放天津等14个沿海城市……开辟沿海经济开发区等等"⑥。通过这些措施，使人们扩大了眼界，活化了思维，形成了进一步推进改革的动力，进而实现了改革开放后经济的第一轮高速增长。

在改革开放前期，改革的阻力主要来自意识形态方面。特别是经历东欧剧变和国内1989年严重政治风波后，社会上出现了对公有制和私有制的认识不统一，意见分歧较大的情况。在20世纪90年代初，社会上形成了激

---

① ⑤　于洪生、缪开金编：《改革开放实践与中国特色社会主义理论体系》，人民出版社，2010年，第9页。

②　萧冬连：《国步艰难——中国社会主义路径的五次选择》，社会科学文献出版社，2013年，第187页。

③　同上，第188页。

④　于洪生、缪开金编：《改革开放实践与中国特色社会主义理论体系》，人民出版社，2010年，第38页。

⑥　魏加宁、王莹莹：《改革方法论与推进方式研究》，中国发展出版社，2015年，第259页。

烈的姓"资"与姓"社"争议,以致在北京流传"京都老翁,坐看风起云涌"之说。从现有资料看,当时改革碰到了巨大的思想阻力。在改革阻力面前,中国社会又一次解放思想,明确"市场和计划都是经济手段",党的十四大提出建立社会主义市场经济体制,从而得以实现中国改革开放后经济的第二轮高速增长。事实证明,只有靠思想的解放,才得以清除改革的障碍,改革的活力才不断涌现出来。吕薇洲认为经济体制改革内容的不断深入,是三次思想的重大突破:"一是破除了所有制越'大'越'公'越好的旧观念;二是破除了所有制越'统'越好的旧思想;三是破除了所有制越'纯'越好的传统观点"①。正是在思想不断解放下,社会才得以发展,王怀超认为:"改革每前进一步,就要消除一个思想障碍,每消除一个思想障碍,改革就前进一步。"②

解放思想使人们摆脱了从"本本"中认识社会主义,开启了在实践中认识社会主义的道路,正如郑必坚教授认为,"改革开放 30 年的根本历史经验是解放思想、解放生产力"③。解放思想不仅打破了教条主义束缚,而且做到了思想的与时俱进,在实践中创新发展。正是在解放思想的巨大推动下,"理论创新与哲学创新"④的马克思主义中国化才得以深化发展,用马克思主义的基本方法、基本立场、基本观点指导中国的具体实践,开辟了中国特色社会主义道路,形成了开放的中国特色社会主义理论体系,使改革充满活力和动力。

(4)改革的推进方式是渐进式

中国社会主义改革起步是安徽省凤阳县小岗村农民自发进行的"包产到户"家庭联产承包责任方式改革。在这一农村改革的激励下,中国的改革才逐步铺开进行。改革步骤走的是被称为"帕累托改进式"的"增量改革"方

---

① 吕薇洲:《坚持公有制为主体、多种所有制经济共同发展》,《红旗文稿》,2009 年第 20 期。

② 王怀超:《中国改革开放的历史进程与基本经验》,《科学社会主义》,2009 年第 6 期。

③ 于洪、缪开金编:《改革开放实践与中国特色社会主义理论体系》,人民出版社,2010 年,第 2 页。

④ 王伟光:《十八大的理论创新与哲学创新》,《特区实践与理论》,2012 年第 6 期。

式,也被称为渐进式改革。

改革是一个思维转换和制度变换的实践过程,措施处理不当,极易引发社会动荡。改革的力度必然要控制在社会可承受范围内,才能避免社会动荡。王伟光认为中国的改革之所以保证了社会稳定,是因为"采取的是先农村后城市、先沿海后内地、先经济后政治、先发展后规划、先体制外后体制内、先易后难"①的渐进式改革。"渐进式"改革方式,也被有的学者称为"存量不动、增量先行"②,具体表现为:一是在原有的计划经济体制中不断增加被认可的市场经济要素,逐步培育出一个市场经济体制;二是在保持国有计划经济体制不变的情况下,在其外部培育以民营企业、私营企业为竞争性主体的市场经济体制。③这种"渐进式"改革,其最大的好处就是避免了社会动荡,保持了社会稳定。

简而言之,我国的经济体制改革主要是在经济体制上由单一的计划经济,改为有计划的商品经济体制,然后才建立社会主义市场经济体制;在产权模式上,由"纯而又纯"的公有制经济模式逐步培育成混合经济模式;在资源配置上,由指令性的计划配置方式,转变为市场在资源配置中起基础性作用,逐步至市场在资源配置中起决定性作用。另外需要说明的一点是,也有学者认为经济改革并不全是遵循的渐进式改革方式,如孙立平认为:"国有企业改革,几千万人失业下岗,几乎是以迅雷不及掩耳之势进行的。"④

政治体制改革相对于经济体制改革而言,所触及的敏感性更强、难度更大,"政治体制改革,往往意味着在原有体制下的获利最大者放弃原有的获利渠道,利益博弈会很难"⑤。对政治体制改革的进程研究,有学者认为改革至今,政治体制改革不能说是"原地踏步",只是采取了步子小、进程慢的方

---

① 王伟光:《改革开放和中国经验》,社会科学文献出版社,2014 年,第 37 页。
②③ 胡键:《理解中国的改革:当代中国社会主义现代化理论与实践研究》,学林出版社,2015 年,第 79 页。
④ 吴敬琏、俞可平等:《改革共识与中国未来》,中央编译出版社,2013 年,第 44 页。
⑤ 徐斌:《制度建设与人的自由全面发展》,人民出版社,2012 年,第 19 页。

式逐步前行。如胡键认为政府的职能、体制在经济体制改革进程中，已进行了相当的转型和瘦身，如废除了领导职务终身制，进行了政府机构改革，实现了政企分开，将依法治国作为政治体制改革的重要内容，新增了领导干部报告个人有关事项，在任、离任审计制度和干部任期、回避、交流制度。总之，在经济体制改革的同时，中国的政治体制改革也在逐步推进并取得了不小成就，改革进程相对缓慢，有时给人的感觉像是停止。① 总体上看，政治体制改革进度相对滞后经济体制改革，在一定程度上形成了改革的短板。

从邓小平提出"物质文明和精神文明两手抓"开始，改革文化体制机制，繁荣社会主义文化是文化建设的主题。改革至今，文化赖以生存的经济体制环境已发生了很大变化，曹光章认为："文化需求在数量上的扩张和质量上的提升，成为推动文化改革发展最强大的社会驱动力。"② 计划经济体制下的文化体制已远不适应新时期下人民群众对精神生活的需求，在文化体制改革上就分为公益性文化单位以"增加投入、转换机制、增强活力、改善服务为重点"③，经营性文化单位以"创新体制、转换机制、面向市场、增强活力为重点"④。通过这两个层面改革，童萍认为文化体制改制后基本形成了"文化事业和文化产业并重的文化发展"和"'软''硬'兼具的文化功能"⑤。从文化体制改革也可以看出文化建设并没有完全市场化，王迎春认为主要采取的是一种"以政府为主导、以市场为主体、以社会力量为依托"⑥的发展模式。在文化内容的创新上，立足优秀的本土文化基础，吸收优秀外来文化，"坚持博采众长而不失自我、吸纳百川而不致混浊是创新发展中国特色社会主义文化的应有之道"⑦。

---

① 参见胡键：《理解中国的改革：当代中国社会主义现代化理论与实践研究》，学林出版社，2015年，第11～5121页。

②③④ 曹光章：《党的十六大以来的文化体制改革历程》，《毛泽东邓小平理论研究》，2014年第9期。

⑤ 童萍：《中国特色社会主义理论的哲学解析》，《天府新纶》，2010年第3期。

⑥ 王迎春：《中国特色社会主义文化发展模式研究》，吉林大学博士学位论文，2013年。

⑦ 张国宏：《中国特色社会主义文化发展道路的内涵解析》，《思想理论教育导刊》，2012年第7期。

2007 年,党的十七大报告正式提出推进社会体制改革;2011 年,胡锦涛在中央党校省部级领导干部社会管理及其创新专题研讨班上提出"社会管理创新";2013 年,党的十八届三中全会提出"创新社会治理"。社会体制改革涉及政府的放权和转型,周瑞金认为其管理模式将由单一的政府为主,向政府、社会组织和企业三元主体共同管理方向发展;管理方式从单向度的命令与服从方式向协商合作,透明化的法治方式发展;管理内容主要是提供公共性服务。①

因社会体制改革涉及政府放权和社会组织培育事宜,需要系列制度支撑,明确政府和社会的"界限",清晰政府职责,赋予社会组织相应职能,否则就会出现"一放就乱"的情形。制度如何建?肖瑛提出构建"制度与生活"的模式就可以"看到生活的需求、民情是如何变动的,从而洞察中国社会维续和变动的基本机制和逻辑"②,这也就是说制度要建立在生活的需要上,要与生活互动,而不是一劳永逸的只管建而不变。社会体制改革的目的是实现国家善治,通过政府对社会管理的放权,让社会自治。如何实现社会的合理自治,燕继荣认为关键在于"实现政府决策、管理和服务对社会开放,让民间的'话题'转变为公共决策的'议题'"③。

2012 年,党的十八大提出了生态文明建设。生态文明建设和发展绿色GDP,学术界主要是依据"十三五"规划、《中共中央、国务院关于加快推进生态文明建设的意见》和《生态文明体制改革总体方案》,提出要转变经济发展方式,对建立资源节约型和环境友好型社会进行了相关研究。在生态文明建设上,从论述要点看是科学发展观的延续和深度推进,当前学术界对其研究主要是以阐述党和政府有关生态建设的文件为主。由此可见,在改革的整体布局上,采取"先易后难"原则,从最初的经济体制改革开始,逐步形成

① 参见周瑞金:《皇甫平:中国改革何处去》,浙江人民出版社,2016 年,第 126～127 页。
② 肖瑛:《从"国家与社会"到"制度与生活":中国社会变迁研究的视角转换》,《中国社会科学》,2014 年第 9 期。
③ 燕继荣:《中国的社会自治》,《中国治理评论》,2012 年第 4 期。

以"三位一体""四位一体"至"五位一体"的改革总体布局。

（5）改革有明确的受益主体和主要推动力

计划经济作为一种行政指令性经济，有学者认为其一大弊端是忽视了个人的利益得失，如詹宏伟认为计划经济体制是"取消了个人在社会发展中的主体地位和主体性作用"①。在这种经济体制下，人的创造性和积极性不能得到很好发挥，以致"整个社会就陷入僵化、停滞的状态"②，经济必然走向崩溃的边缘。改革开放四十多年，改革之所以深得民心，高尚全认为是因为其目的和任务是"反映人民的根本利益，要依靠人民的积极性和创造精神，依靠人民的艰苦奋斗来实现"③。

"人民对美好生活的向往，就是我们的奋斗目标"④，充分明确了改革开放的受益主体是人民群众。"要使改革开放得到顺利推进，就必须赢得人民的拥护和支持，而要得到人民的拥护和支持，就必须尊重人民主体地位，充分发挥人民群众的首创精神"⑤。改革开放的主体是人民，改革开放的目的是为人民谋幸福，只有充分调动人民的积极性，尊重人民的首创精神，才能从根本上推动改革。王伟光在《改革开放和中国经验》一书中认为"面对新的目标、新的要求、新的期盼，我们应该更加突出地强调人民群众在历史发展中的作用，高度重视人民的历史首创精神、社会管理权利和成果享受权利"⑥。

"紧紧依靠人民推动改革"⑦，准确表明了改革的根本动力是谁的问题。魏加宁等认为"改革的受益主体是支持改革的关键力量，受益主体直接从改革中获益，不仅自身会支持推动改革，同时也具有示范效应——带动其他群体接受、拥护改革，形成'改革有明确受益主体—改革受益者支持推动改革'

①② 詹宏伟：《中国改革与个人主体》，中国社会科学出版社，2014年，第43页。
③ 高尚全：《人民本位论》，人民出版社，2012年，第112页。
④ 中共中央文献研究室编：《习近平关于社会主义经济建设论述摘编》，中央文献出版社，2017年，第19页。
⑤ 杨海英：《全面深化改革研究》，中国人民大学出版社，2016年，第33页。
⑥ 王伟光：《改革开放和中国经验》，社会科学文献出版社，2014年，第81页。
⑦ 中共中央文献研究室编：《十八大以来重要文献选编》（上），中央文献出版社，2014年，第514页。

的良性循环"①。改革开放初期,知识青年、农民受益明显,随着改革进程推进,企事业职工、私营主和文艺工作者等各个阶层都享受到了改革的普惠,形成了改革强有力的支持者群体。周瑞金在《中国改革动力的历史考察中》一文中从三个维度分析了来自民间的改革动力,一是中国民间"草根人物"的崛起,始终拥有要求改革,寻求发展和追求幸福的强烈意愿和无穷智慧;二是中国民间新社会阶层、新社会组织因改革而壮大,始终拥有最强烈的改革冲动;三是新意见阶层的问世营造了舆论民主的平台,丰富了意见表达渠道,成为深化改革的舆论新声。②

(6)改革必须坚持党的领导核心

社会主义改革是一个系统工程,涉及领域广,牵涉面大,触及每个人的生活,改革有牵一发动全身之势。要引领这个庞大的系统工程的改革顺利进行,必然需要坚强的领导核心,王怀超认为"在社会主义国家,这个领导核心只能是人民根本利益的忠实代表——共产党"③。

中国的改革,其基本性质是社会主义制度的自我完善,改革的方向是社会主义方向,走的是中国特色社会主义道路,要保证改革性质、方向和道路的不变就必须坚持党的领导。邓小平反复强调,社会主义建设和改革开放必须坚持中国共产党的领导,"我们说的社会主义是具有中国特色的社会主义,而要建设社会主义,没有共产党的领导是不可能的。我们的历史已经证明了这一点"④。改革开放四十多年,正是坚持了中国共产党的领导,才取得了举世瞩目的成就。

苏联社会主义改革的失败,导致庞大的社会主义强国轰然解体,原因诸多。有学者认为其中之一就是偏离了社会主义方向,取消党的核心领导地位造成的,苏联宪法的修改"删除了关于党的领导地位的规定,剥夺苏共执

---

① 魏加宁、王莹莹:《改革方法论与推进方式研究》,中国发展出版社,2015 年,第 245 页。
② 参见周瑞金:《中国改革动力的历史考察中》,《改革论坛》,2009 年第 9 期。
③ 王怀超:《中国社会主义改革的历史进程和基本经验》,《科学社会主义》,2009 年第 6 期。
④ 《邓小平文选》(第三卷),人民出版社,1993 年,第 208 页。

政的合法性,允许多党制和政治多元化"①。对比苏联改革的失败,中国改革的成功得益于有一个坚强的党领导核心,在改革整体进程中起着至关重要的作用。刘靖北、董德兵在《加强和改善党对改革的领导确保全面深化改革取得成功》中也认为苏联解体,苏共垮台是放弃了党对改革的领导而造成的。对于我国的改革,只有加强和改进党的领导,充分发挥党总揽全局、协调各方的领导核心作用,才能广泛凝聚全党全国共识,最大限度聚集改革合力。②

学术界认为党作为改革的核心领导,要保证党对改革的有力领导,其组织建设必须进一步完善和加强。正如党的十九大报告提出,"四个伟大"的核心是建设伟大工程,即党的建设新的伟大工程。王占阳在《走党建与政改相结合的道路》中认为从苏联解体的历史教训,可以认为党建应与政改相结合,以民主法治为目标进行的政改也是最根本、最有效的党建。王文提出强有力的他律是达到党建目的的基本条件,只有让人民依靠民主法治才能有效监督党,防止党蜕化变质。③针对新情况下的新特点,党的十八大以来,"全面从严治党"是党建的新任务和新目标。冯书泉认为"要以全面从严治党为抓手,加快形成党的建设新常态,促进党的自我净化、自我完善、自我革新与自我提高"④。在全面从严治党下,才能清除自身"污涤",确保党组织不蜕化和不变色。强大而又完善的党建工程,不仅能保证党组织的纯洁,而且能永葆党的领导核心,使其形成强大的领导力和战斗力,从而凝聚人心,确保改革沿着正确的道路推进,取得改革的全面成功。

(7)改革的定位准确

定位既是目标,又是指引,定位准确,就能保证获得事半功倍的效果。

---

① 魏加宁、王莹莹:《改革方法论与推进方式研究》,中国发展出版社,2015年,第191页。
② 参见中央编译局编:《改革开放与中国特色社会主义》,人民出版社,2016年,第454页。
③ 参见王占阳:《走党建与政改相结合的道路》,《人民论坛》,2013年第10期。
④ 中共中央党校科学社会主义教研部编:《社会主义论丛2015》,中共中央党校出版社,2016年,第69页。

改革的定位主要体现在党制定的社会主义初级阶段的基本路线上,正如习近平强调:"我国改革开放之所以能取得巨大成功,关键是我们把党的基本路线作为党和国家的生命线,始终坚持把以经济建设为中心同四项基本原则、改革开放这两个基本点统一于中国特色社会主义伟大实践,既不走封闭僵化的老路,也不走改旗易帜的邪路。"①中国社会主义改革的定位归纳起来,可概括为两点,即确定改革的方向是中国特色社会主义方向,改革的目的是强国富民。

改革之路崎岖不平,没有一个正确的方向,改革必将失去航向陷入迷茫,正如习近平指出的"搞否定社会主义方向的'改革开放'也是死路一条"②。坚持中国特色社会主义方向,走中国特色社会主义道路,是保证改革不变色的重要经验。王伟光认为"中国特色社会主义道路就是坚持社会主义方向的改革开放之路,离开'四项基本原则'讲改革开放,就会走到资本主义的邪路上"③。

强国富民是改革开放的目的,"改革的着眼点和落脚点,都要放在解放和发展生产力、强国富民上"④。有了这个目的,改革开放的任务才能明确,围绕这个任务,紧紧抓住"解放生产力",做到一心一意谋发展,改革才不会跑偏方向。改革定位准确,定位始终牵引着改革,保障了改革的顺利推进。

(8)改革采取的思路正确

学术界认为,改革开放能取得较好成效的另一成功经验在于采取了正确的改革思路,即先易后难,既有基层创新又有顶层设计和以点带面的改革思路。"万事开头难"改革若选择难的方面突破,极有可能失败。所以王怀超认为"具体改革方略是:先从比较容易推进并能较快取得成效的领域入

---

① 中共中央文献研究室编:《习近平关于全面深化改革论述摘编》,中央文献出版社,2014 年,第 14 页。
② 同上,第 15 页。
③ 王伟光:《改革开放和中国经验》,社会科学文献出版社,2014 年,第 195 页。
④ 王怀超:《中国社会主义改革的历史进程和基本经验》,《科学社会主义》,2009 年第 6 期。

手,即首先从农村改革入手,然后推进到城市改革,同时先从经济体制改革开始然后推进到政治、科技、教育、文化等领域,并且先通过试点,取得经验,再逐步推开。即自上而下,从小到大,从易到难,考虑各方面的承受程度,因地制宜,因势利导,积少成多,逐步推进"①。

改革开放能取得良好成效还在于既有基层创新,也有顶层设计。"基层创新主要体现在:一是发端于小岗村的家庭联产承包责任制,二是由乡镇企业的'异军突起'带动非国有企业的迅速成长"②。家庭联产承包责任制释放出了农村活力,促进了农业发展,节余了农村剩余劳动力,从而推动了乡镇企业的发展。乡镇企业的发展拉动了非国有经济的增长,而且"它将竞争引入中国经济,是中国经济转型的强效催化剂"③。王怀超认为"改革,是新旧体制的一种转换,无疑是一个破旧立新的过程"④,基层创新已经"破除"了旧路,"立"就体现在顶层设计上如"1993年十四届三中全会作出的《关于建立社会主义市场经济体制若干问题的决议》,确立了'整体改革和重点突破相结合'的战略,并拟定了财税、金融、外汇、企业和社会保障体制方案。1994年正式开始了金融、财税、国企等配套改革"⑤。基层创新与顶层设计的相结合,效果明显,有力促进了中国经济的第二轮快速增长。

设置经济特区,起到以点带面的作用。1979年国务院决定在深圳和珠海试办出口特区,打开中国向外的"窗口",作为改革的突破口。王怀超认为中国改革有一大特点是"改革和开放的同时并举,以开放带动改革,以改革促进开放"⑥。在对外开放下,经济特区迎来了世界先进技术、资金和管理经验,促使经济特区率先进行城市经济体制改革。魏加宁等认为"经济特区通过先行先试,成为我国对外开放的前沿阵地,在发展过程中形成了以开放促

①④⑥　王怀超:《中国社会主义改革的历史进程和基本经验》,《科学社会主义》,2009年第6期。
②　魏加宁、王莹莹:《改革方法论与推进方式研究》,中国发展出版社,2015年,第243页。
③　同上,第255页。
⑤　同上,第257页。

改革,以改革为进一步开放奠定良好基础的循环"①。从客观上看,经济特区发挥了很好的窗口效应,以深圳为例"率先在全国推行土地使用制改革、基建体制改革、价格体制改革、劳动用工体制改革"②。经济特区经验为改革开放的深入推进起到了很好的示范效应,为后续改革开放打下了较好基础。

2. 有关中国社会主义改革成效的评价

中国的社会主义改革发展至今已走过四十多年的波澜壮阔历程,这一伟大历史进程影响了每一个中国人的命运和前途,彻底改变了国家和社会的面貌,对整个世界产生了深远影响。对中国社会主义改革的研究,国内外学术界也给予了非常多的关注,"中国模式""中国经验""中国智慧"和"北京共识"等称谓已跃然纸上。总体来说,对中国社会主义改革评价大致有三种:

一是成绩斐然。中国已成世界第二大经济体,"中国和美国综合国力的相对差距发生巨大变化,从 1990 年的 4.32 倍缩小到 2013 年的 0.98 倍"③。中国社会已发生了巨大的经济社会变迁,"人类发展指数(HDI)从 1950 年的 0.225 的极低水平,提高到 1980 年的 0.456,2013 年提高至 0.719,居世界第 91 位(共 187 个国家参与统计),进入世界高人类发展水平,成为过去 40 年世界各国中提高幅度最快的国家"④。

二是危机论。这包括两种不同意见,一种认为改革不彻底,已经开始走样变形,社会中利益关系严重失衡,甚至使改革成为"掠夺财富的战争",由此,在一般群众中出现了相当程度的对改革的质疑。⑤ 针对近年来在有些地方相继出现塌方式腐败,干群关系紧张,社会诚信缺失,贫富差距有不断拉

---

① 魏加宁、王莹莹:《改革方法论与推进方式研究》,中国发展出版社,2015 年,第 245 页。

② 同上,第 260 页。

③ 胡鞍钢、郑云峰、高宇宁:《对中美综合国力的评估(1990—2013 年)》,《清华大学学报》(哲学社会科学版),2015 年第 1 期。

④ 胡鞍钢:《中国现代化之路(1949—2014)》,《新疆师范大学学报》(哲学社会科学版)2015 年第 3 期。

⑤ 参见吴敬琏、俞可平等:《改革共识与中国未来》,中央编译出版社,2013 年,第 37 页。

大的危险,地方黑恶势力兴起等问题,造成了有人对改革的质疑。突出表现在一些人持极左观点,"左王"声音频发,"习惯拿大帽子吓唬人,动辄就冠以'姓社,姓资'的大帽子"①,企图阻止进一步的改革。

三是折中论。认为在四十多年的改革开放取得重大成就的同时,改革也面临一些问题和挑战。但是如果不继续推进全面改革,问题会雪上加霜,进一步加剧产能过剩、结构失衡等一系列风险,经济将面临"硬着陆"风险,甚至有可能引发泡沫经济,陷入经济危机,势必将严重阻碍社会发展和经济转型。所以改革必须推进,用深化体制和机制的改革,打破利益固化藩篱。只有这样,问题才会得到根本解决。

3. 中国社会主义改革的启示

不可否认的是,社会主义革命是在资本主义最薄弱的链条上获得突破和取得胜利的,这与马克思、恩格斯"数国胜利论"的革命设想不是一致的。社会主义建设模式也是随着时代的变化在与时俱进,实践证明僵化的社会主义建设模式是没有出路的。孟鑫在《时代主题转换下中国发展道路的新探索》一文中认为,对于时代主题的认识,将深刻影响社会主义国家的道路选择,中国在战争与革命主题下选择了传统计划经济道路,在和平与发展主题下选择了社会主义市场经济道路,在新的时代下各国不断融合形成命运共同体,发展的共赢模式也在形成中。②

在落后的国家如何建设社会主义,侯惠勤认为有三个"绕不开"和三大挑战:三个"绕不开",一是和资本主义长期共存的局面绕不开,二是市场经济绕不开,三是社会主义国家的改革绕不开;三大挑战,一是社会主义多样化的问题,二是向资本主义学习的问题,三是社会主义和共产主义关系的问题。③ 这说明,今天的社会主义和资本主义不是传统思维认为的"你死我亡"关系,搞两大阵营对立不符合历史事实,不利于社会主义发展,"多元文明共

①　王贵秀:《冲破极左阻力,推进政治体制改革》,《探索与争鸣》,2012 年第 4 期。
②　参见孟鑫:《时代主题转换下中国发展道路的新探索》,《党政研究》,2016 年第 1 期。
③　参见侯惠勤:《中国道路和中国模式》,社会科学文献出版社,2015 年,第 45 ~ 47 页。

存、多条道路前行,是当今世界的不争事实"①。在社会主义建设上,基于各国的发展情况不同,照搬苏联社会主义模式必有弊端,搞意识形态隔离是自缚手脚,立足本国实际进行社会主义改革和对外开放是历史发展的必然。社会主义改革也不是无原则的"一边倒"向资本主义,侯惠勤认为改革开放"是为社会主义注入生机活力的人类文明新拓展","必然具备自主性、首创性和先进性"三个要件。②

在对中国社会主义改革经验的认识上,学术界主要将其凝结为在"北京共识"和"中国模式"上予以肯定。其意义是在理论上对中国的成功进行了阐释,在一定程度上提升了中国的软实力和话语权。如潘维认为"能提供新鲜知识,促进我国学界对本土文明的自觉,从而促进'中国话语系统'的形成,以及'中国学派'的崛起"③。也有学者认为"北京共识"和"中国模式"证明了社会主义的生命力,是社会主义继在东欧社会主义国家遭受重大挫折后,取得的一次重大胜利。在事实上,无论是"北京共识"还是"中国模式",都是对改革开放成功的经验总结。中国的社会主义改革使中国从一个落后的国家快速发展起来,走了一条不同于西方资本主义现代化的发展之路。对此,有学者认为"北京共识"和"中国模式"是落后国家进行现代化建设的可用经验借鉴。如郑永年认为"中国模式不仅对中国未来的发展有深远的意义,对世界的发展尤其是对发展中国家也具有借鉴意义"④。

中国的社会主义改革,已经超越了传统的社会主义认识,是对苏联社会主义模式的否定。由此也引发了学术界关于科学社会主义、民主社会主义和中国特色社会主义关系的讨论,大体说来有三种不同认识。一是趋同论,如以谢韬为代表的学者认为,中国的社会主义改革,改变了单一的公有制经济体制,实行公有制为主体的多种所有制经济共同发展,允许部分人先富起

---

① 侯惠勤:《中国道路和中国模式》,社会科学文献出版社,2015 年,第 72 页。
② 同上,第 58 页。
③ 潘维编:《中国模式:解读人民共和国 60 年》,中央编译出版社,2009 年,第 5 页。
④ 郑永年:《国际发展格局中的中国模式》,《中国社会科学》,2009 年第 5 期。

来,并建立社会主义市场经济,这一系列政策实属民主社会主义。① 二是差别论,如以陈荷夫为代表的学者认为,民主社会主义制度实质是资本主义制度的改良,不是一种社会主义模式,而中国的改革绝不是民主社会主义模式在中国的运用,中国的崛起是走向最终消灭剥削、压迫的共产主义社会。② 三是合作论,如以高放为代表的学者认为,科学社会主义与民主社会主义本是同根,在发展中经历了从分歧、到对抗,现在又走向了合作;当今世界是三种政治社会思潮、两种社会制度共存和发展时期,当前中国的改革应该借鉴民主社会主义,坚持科学社会主义,大力发展社会主义民主解决发展中的问题。③

(二)国外研究现状

中国的社会主义改革,实现了中国社会的现代化改造,综合国力跃居世界第二,从大国进入了世界强国之列。中国的国力和社会变化自然引起了西方学者的关注,其关注的重点在于中国崛起的路径是否独树一帜,形成有别于西方发展的模式以供其他落后国家发展借鉴,如"北京共识"论的诞生;还有就是中国的崛起是否会挑战既有的世界秩序,如"中国威胁论"的产生;再有就是中国的崛起是否惠及周边国家及西方国家发展,如"中国机遇论"的提出;另外就是中国市场经济的自由度。

2004 年,美国著名中国问题专家乔舒亚·库珀·雷默(Joshua Cooper Ramo)在他的《北京共识》一书中提出"北京共识"概念,这个概念深入分析了中国经济之所以取得巨大成功的关键因素,引起了国际关系领域的广泛关注。在《北京共识》里雷默认为中国的成功没有去追随既定的西方发展模式,而是从自身实际出发独立自主,选择了一条与国际接轨的方式,从而实现了自己的发展。"中国正在指引世界上其他一些国家在有一个强大重心的世界上保护自己的生活方式和政治选择。这些国家不仅在设法弄清如何

---

① 参见谢韬:《民主社会主义模式与中国前途》,《炎黄春秋》,2007 年第 2 期。

② 参见陈荷夫:《民主社会主义模式与中国前途评析》,《政治学研究》,2011 年第 2 期。

③ 参见高放:《三种政治社会思潮、两种社会制度共存和发展》,《理论学刊》,2007 年第 6 期。

发展自己的国家,而且还想知道如何与国际秩序接轨,同时使他们真正实现独立。我把这种新的动力和发展的物理学称为'北京共识'"①。在"华盛顿共识"的衰微下,"北京共识"也给世界各国提供了新的借鉴经验,中国的成功鼓舞了落后国家的改革发展,为此专门从事中国与非洲关系研究的学者丹尼尔·拉志认为,中国的发展道路是独特的,而这种独特发展模式的成功引起了国际,特别是第三世界国家的广泛关注,成为与后殖民主义时期其他现成经验不同的理念和新的发展援助的来源。

雷默认为,"北京共识"有三大定律:第一,重新定位创新的价值,通过创新来减少改革中的摩擦与损失;第二,超越人均国内生产总值的衡量标准,将发展的重点集中在提高民众的生活质量上;第三,坚决捍卫自身的自主选择权。② "北京共识"在一定程度上代表了西方学者对中国社会主义改革所取得成绩的肯定及发展经验的总结。但是由于不甘心以"民主多元"和"市场自由"价值观为主导的"华盛顿共识"衰微,也有西方学者将中国社会主义改革取得的成绩视为"中国威胁"③,如米尔斯海默认为"美国在 21 世纪初期可能面临的最危险的处境就是中国成为东北亚的潜在霸权国"④。"北京共识"的三大定律证明中国的崛起是走的适合中国实际的社会主义改革道路,必然也引发了西方学者的意识形态猜疑,这也给"中国威胁论"带来了市场。如斯蒂芬·马斯洛认为,所谓"中国模式"最主要的特征就是中国的发展没有采纳"华盛顿共识","避开了良治和人权"。这种模式所带来的理念不仅不同于以西方经验为中心的意识形态,而且还在发展中国家"产生了显著的效果,从而动摇了西方经验的普世价值与这些普世价值所维护的战略利益

　　① ［美］乔舒亚·库珀·雷默:《中国形象:外国学者眼里的中国》,沈晓雷等译,社会科学文献出版社,2008 年,第 40 页。
　　② 参见［美］乔舒亚·库珀·雷默:《中国形象:外国学者眼里的中国》,沈晓蕾等译,社会科学文献出版社,2008 年,第 52 ~ 53 页。
　　③ Al – Rodhan, Khalid R., "A Critique of China Threat Theory:A Systematic Analyses", *Asian Perspective*(2007),31(3),pp. 41 – 46.
　　④ John J., Mearsheimer, *The Tragedy of Great Power Politics*, New York:W, W, Norton,2001, p. 401.

和现实利益,以及迄今为止由西方主导的游戏规则"①。

也有西方学者认为"北京共识"其实质是"华盛顿共识"的翻版,"华盛顿共识"并非失败,如乔纳森·安德森认为"中国模式"的成功在于在农业、轻工业出口、重工业、房地产业建立了市场机制,而市场机制是"华盛顿共识"的一项核心内容,因此所谓"中国模式"的成功就是"华盛顿共识"的成功。② 中国的社会主义改革是大力发展经济,提高人民生活水平,获取人民对政权的支持,而且中国的经济发展得益于现存的国际经济体系,从而否定"中国威胁论"。如大卫·兰普顿视中国为"一个现存国际经济秩序热情的支持者,这与 20 世纪 50 至 60 年代毛泽东对国际体现的反对是截然相反的",他认为"中国的国家战略是继续其快速的国内经济增长——这是除了民族主义之外的政权合法性的主要因素;从国际体系中吸引最大量的资源(技术、投资和战略性原料);减少可能使其资源耗尽的外部威胁……"③

中国的社会主义改革不仅带来了中国的经济腾飞,而且也普惠了周边国家,"搭便车""机遇论"由此兴起。日本共同社的一篇新闻稿将标题定为"中国从威胁变成救世主","日本过去一直把中国看成是导致国内产业空心化的威胁,而现在中国正成为日本经济的'救世主'……其魅力越来越大"④。亨利·基辛格同样质疑"中国威胁论",认为"更准确的假设是因为快速增长,在政治和经济上,中国将努力在国际体系内发挥更大作用"⑤。也有学者持两重观点,认为中国崛起会和美日发生潜在的利害冲突,但也提供了合作机会,为此艾什顿·卡特和威廉姆·佩里认为和中国相处是"争取中国在 21

① 陶坚、林宏宇主编:《中国崛起与国际体系》,世界知识出版社,2012 年,第 178 页。

② 何迪、鲁利玲编:《反思"中国模式"》,社会科学文献出版社,2012 年,第 130 页。

③ David M., Lampton, The faces of chinese Power, *Foreign Affairs*, January – Feburary 2007, pp. 117 – 118.

④ [日]《中文导报》2004 年 1 月 6 日,转引自钱洪良主编:《中国和平崛起与周边国家的认知和反应》,军事谊文出版社,2010 年,第 61 页。

⑤ Universal Values, Specific Policies – A Conversation with Henry Kissinger, *The National Interest*, Summer 2006, p. 14.

世纪成为美国的安全伙伴,而不是敌手"①。对此布热津斯基认为"中国决心保持经济增长。冲突性的外交政策将破坏这种增长,危害到成千上万的中国人,威胁中国共产党的执政地位"②。对于21世纪头10年间中国经济的快速发展,乔纳森·安德森认为"主要动力不在于出口和基础产业投资,而在于房地产和建筑业"③。面对世界金融危机,中国经济仍然坚挺,乔纳森·安德森认为得益于"中国模式有两个特别方面:第一,中国资本账目不开放,中国的银行体系和金融体系受到严格控制;第二,中国的一党执政,政府管理者有能力采取强硬措施"④。中国的经济快速发展也使俄罗斯前驻华大使罗高寿认为"中国正处在变成世界第一经济强国的道路上。到2020年,按购买力计算,中国的国内生产总值将超过美国"⑤。

在市场经济方面,国外学者根据每年一度的"传统基金会——华尔街日报经济自由度"国际指标,倾向于认为中国的市场经济是一个受控制的市场经济。如2017年中国内地经济自由度得分73.6,在全球181个排名国家里排第116名,得分仅与老挝74.6和俄罗斯的75.2相当。显著低于东亚的其他几个主要经济体,如中国台湾86.2、日本82.6、越南83.1、泰国82.8、韩国79.5。⑥

(三)既有成果有待提升之处

1. 国内研究

改革开放四十多年,国内学术界对其研究的学术著作颇为丰富。在推进改革开放的经验总结上已有颇多建树,对改革开放的顺利推进已有整体性认识,但仍有以下问题。一是在内容上,在推进改革开放的总结上学术观

　　①　[美]艾什顿·卡特、威廉姆·佩里:《预防性防御:一项美国新安全战略》,胡利平、杨韵琴译,上海人民出版社,2000年,第104页。

　　②　Zbigniew Brzezinski, Make Money, Not war. *Foreign Policy* 146, January – February2005, p.46.

　　③　何迪、鲁利玲编:《反思"中国模式"》,社会科学文献出版社,2012年,第130页。

　　④　同上,第131页。

　　⑤　[俄]罗高寿:《中俄经贸合作:发展趋势和前景》,《俄罗斯东欧中亚研究》,2006年第2期。

　　⑥　See The Heritage Foundation:2017 Index of Economic Freedom:Trade and Prosperity at Risk, http://thf – reports. s3. amazonaws. com/2016/BG3168. pdf.

点主要是对中国的经验总结,经验的个性化强,共性化弱,缺乏对经验普适化的创新提炼,没能形成具有可供借鉴意义的社会主义改革共识。此外,学术界对经验总结上,主要是一种实践层面上的总结,缺乏对理论层面的提炼,未能形成理论牵引实践,实践推动理论发展的整体概括,致使中国社会主义改革“为什么能”的说服力不够。二是在研究思路上,主要是以单一的视角切入致使内容呈现以经验总结多,缺少“二维”的视角用结合的方法研究,致使方法论意义偏少。三是在研究方法上,哲学理论运用较少,还需更多借鉴马克思有关辩证的哲学思想来阐释改革。

在社会主义改革启示上,主要存有三个问题:一是在内容上,学术界对中国社会主义改革的认识仍多受“书本”牵引,还不能完全脱离“经典”的约束。甚至有学者在学术上搞“左右”对立,对不同意见乱扣帽子,大有党同伐异之势。二是在研究思路上,对社会主义认识未能从动态和静态两个角度去把握,致使对社会主义认识较单一。三是在研究方法上,缺乏用马克思有关人学的哲学观从价值层面角度,来回答社会主义是什么的问题。

2. 国外研究

总体来看,国外学者对这一问题研究比较重视用数据,论证追求严谨,这一点值得我们借鉴。但其学术观点带有浓厚的意识形态偏见和固有的思维定式,对相关问题的理论思考还不够深入,未能深入考究中国实际情况。

由此可见,在国内外已有研究成果的基础上,根据目前出版的档案、文献、著作、论文等,可以对中国社会主义改革“为什么能”的理论、实践及其启示等问题进行更深入的研究。

四、研究的重点、难点

(一)研究重点

本书主要以马克思辩证唯物主义思想为指导,对中国社会主义改革能顺利推进的原因从理论与实践两个维度进行了分析。毫无疑问,这两个维度是研究的重点。另外,中国社会主义改革的理论与实践创新丰富和发展了社会主义学说,因此对社会主义改革的启示研究,即社会主义建设与改革应遵循的基本要求也是本研究的重点。

(二)研究难点

本书大体而言有三个难点,首先社会主义改革是一个复杂的系统工程,从理论和实践进行"二维"抽象认识本就是一件难事,所以就构成了本书的一个难点。其次从认识论和方法论两个角度去构建改革的理论创新认识,这既需要对社会主义改革有全景的知识认识,也需要有哲学分析能力,构成了本研究的另一个难点。最后本书在对社会主义改革创新的基础上,从人的价值哲学角度去构建社会主义内涵进而去把握社会主义本质无疑也是一大难点。

五、研究思路与研究方法

(一)研究思路

本书始终坚持以马克思主义为指导,以解决现实问题为旨意,坚持逻辑与历史、理论与实践相统一方法,以党的十一届三中全会以来的历史文献和相关马克思主义中国化理论文献为文本依据、理论根据和研究重点。本书立足中国改革开放实践,以"为什么要改""改什么""怎么改"为线索,从理论、历史和现实三者统一的维度分析了中国社会主义改革的理论创新和实践创新。在此基础上,本书提出了社会主义建设与改革应遵循的基本要求。同时进一步回答了当前社会对社会主义改革存有的几个疑惑。

首先,本书的研究主题是中国社会主义改革创新与启示,要研究这个课题,必然需要先弄清研究这个课题的必然性和可能性。另外,还需要清楚认知马克思主义理论、列宁和毛泽东对社会主义建设理论的贡献。只有搞清楚这些理论,才能探索到社会主义改革的源头,进而说明中国社会主义改革的正当性。

其次,中国社会主义改革历史进程是中国社会主义改革的历史缘由,对其历史进程进行分析,才能得出中国社会主义改革的必然性、紧迫性和艰巨性,进而较好地回答社会主义"为什么要改"的问题。

再次,本书从认识论和方法论两个维度分四个方面分析了社会主义改革的理论创新,用五个结合探究了社会主义改革的实践创新,回答了社会主义改革"改什么"和"怎么改"的问题。

最后,在以上分析基础上,本书提出了社会主义建设与改革应遵循的基本要求。在前述研究基础上,又进一步回答了当前社会对改革的几个关注问题,通过对问题的回答进而再次丰富了中国社会主义改革创新与启示的认识。

（二）研究方法

本书以文献研究为基础和核心,从整体上立体揭示中国社会主义改革的创新所在之处,及其对社会主义发展的前瞻性启示。具体方法有:

1. 文献研究法

文献研究是本书的基础、核心和重点。其文献主要在于党的十一届三中全会以来的中共中央重要文献,邓小平、江泽民、胡锦涛、习近平的有关改革开放的重要论述,以及相关马克思主义中国化的学术文献,从中提炼出中国社会主义改革的认识和实践创新。

2. 比较研究法

比较研究可以拓宽研究视域,能深化对中国社会主义改革"为什么能"的认识。比较研究包括了中国社会主义改革"为什么能"和东欧地区社会主义改革"不能"的对比、中国特色社会主义与非社会主义思潮对比。通过比较,不仅能恰好揭示中国社会主义改革对世界社会主义运动的启示,而且也能更好说明中国特色社会主义是对马克思列宁主义、毛泽东思想的继承和发展,更是对科学社会主义的创新。

3. 逻辑与历史相统一的方法

历史是逻辑的前提和基础,逻辑是对历史发展规律的再现。中国社会主义改革创新是在中国改革开放的历史实践中产生、形成和发展的,因此本书必须对中国改革开放实践发展的历史脉络进行系统梳理和揭示。在历史事实中抽取出相应逻辑层次，运用"二维"认识方式揭示中国社会主义改革创新的共性，以此凸显其历史意义和时代价值。

第一章

中国社会主义改革的理论基础

理论引导实践,实践的发展离不开理论指导。中国社会主义改革走过了四十多年,经济社会发展之所以能取得举世瞩目的成就,其重要的原因就是这场改革具有深厚的理论基础,包括马克思主义的指导和引领,列宁对社会主义的创新认识和实践探索,以及毛泽东在社会主义建设理论和实践方面做出的突出贡献。

第一节　马克思主义为改革提供理论基础

伟大的变革必然需要伟大思想的指导。中国社会主义改革得以推进和深化的重要理论基础来自马克思主义,其辩证唯物主义和历史唯物主义是指导中国社会主义改革的思想引领。马克思主义具有批判性和科学性,其批判性为中国社会主义改革"为什么改"提供了理论支撑,其科学性为中国社会主义改革"怎么改"提供了方法论支持。这些宝贵的理论确保了中国社会主义改革的顺利推进。

一、马克思主义的批判性确保了社会主义改革的正当性

马克思主义的批判性,体现在他对实践的物质性、主体性和社会历史性

的强调。实践是全部社会生活的本质,我们要从实践中去认识世界,实现主观与客观的统一。正如马克思在《关于费尔巴哈的提纲》中指出:"凡是把理论引向神秘主义的神秘东西,都能在人的实践中以及对这个实践的理解中得到合理的解决。"①此外,他还强调要在实践中去改变世界,"对实践的唯物主义者即共产主义者来说,全部问题都在于使现存世界革命化,实际地反对并改变现存的事物"②。马克思主义哲学与历史上所有哲学家的哲学功能观的根本区别在于,历史上的哲学家们不重视实践,因此也不懂得哲学归根结底是为人民群众改造世界的物质实践活动服务的,他们只是停留在用各种不同的方式解释世界。马克思批判地继承了旧唯物主义和唯心主义的实践观,揭示了实践的科学内涵,并以此建立起系统的唯物史观理论。可以说,马克思主义全部学说是建立在唯物史观基础上的,是建立在科学的实践观的基础上的。因此马克思主义全部学说的根本目的是改变世界,这是马克思主义具有批判性和革命性的重要依据。马克思主义的批判性一方面启发人类作为改造世界的实践主体,其全部活动的指向是认识世界和改造世界,不断使世界变成人与自然、人与社会和谐统一的世界;另一方面它鼓励人类不断自我超越,在否定中实现自己的理想,从而使人类在自己全部活动中保持生机勃勃的求真、向善和唯美的活力。从马克思主义的批判性特征可以看出,其理论品质是实事求是、与时俱进和开拓进取,这为中国的社会主义改革提供了厚实的理论支撑。

实事求是是马克思主义思想路线的核心,是唯物论、辩证法、认识论的高度统一。实事求是本身存在着三个相互联系、依次递进的环节。"实事"指的是客观存在着的一切事物,它与马克思、恩格斯所说的"存在",列宁所说的"物质"是基本一致的,是对马克思主义哲学认识对象的高度概括;"求"指的是研究,它包括由感性认识上升到理性认识,又从理性认识回到实践中

---

① 《马克思恩格斯选集》(第一卷),人民出版社,1995 年,第 56 页。
② 同上,第 75 页。

去这样两个阶段的认识过程,是对辩证唯物主义认识论关于认识辩证过程的高度概括;"是"指的是客观事物的内部联系,即规律性,是对事物客观规律的高度概括。规律是事物本质的必然的联系,是客观事物本身所固有的。人们经过实践获得的对客观事物的认识是否正确,检验的标准只能是实践。实事求是就是一切从实际出发,从不断变化发展的客观现实出发,去认识事物的本质及其发展的规律性的过程。因此实事求是就是人类不断校正自己认识世界的成果,使之与实践更好匹配,也就是在理论上不断提升自己的认识,在实践中不断改革的过程。只有解放思想,面向实际生活,让思想跟上时代前进的步伐,才能在实践中更好地检验已有的认识,实现实事求是的目标。"人应该在实践中证明自己思维的真理性,即自己思维的现实性和力量,自己思维的此岸性"①。对中国来说,遵循实事求是原则的现实意义,就在于党确立了"实践是检验真理的唯一标准"的科学认识,把人们的思想从"两个凡是"的思想禁锢中解放出来,恢复了马克思主义所主张的理论与实践的本来关系。这是一场改变中国的思想大解放,是中国推进改革开放"勇气"的直接体现。

与时俱进是马克思主义保持革命性和批判性的鲜明理论品格。它要求我们的认识要紧跟实践的发展,而不能自我封闭、自我禁锢。世界是普遍联系的,也是不断发展变化的,这就要求我们必须从曾经有过的形而上学的片面思维方式中解放出来。恩格斯早就指出,形而上学的实质是"在绝对不相容的对立中思维",思维模式就是"是就是,不是就不是;除此以外,都是鬼话"②。改革开放前的中国,将社会主义与资本主义看作是绝对对立的。这种"绝对不相容的对立中思维"把复杂的事情简单化、抽象化和庸俗化,无法正确认识世界各国在发展中的相互关系,是中国在社会主义建设过程中遭遇挫折的原因之一。与时俱进要求人们从非此即彼、两极对立的思维方式

---

① 《马克思恩格斯文集》(第一卷),人民出版社,2009 年,第 500 页。
② 《马克思恩格斯选集》(第三卷),人民出版社,1995 年,第 360 页。

中解放出来,辩证地认识世界的发展。它启示我们看待世界不能用静止的眼光,不能搞"刻舟求剑",也不能自我孤立搞"鸵鸟主义",要在变化和发展的世界中认识与世界的联系,推动自身的发展。在社会主义改革过程中,我们同样不能简单将市场、民主、法治、人权、自由、平等和博爱等资本主义较早使用和主张的理念就等同于资本主义,其中一些内容属于人类文明发展的成果,不是资本主义的专有产品。它们是人类共同的文明成果,可以成为人类共同的价值追求。马克思主义与时俱进的理论品格,为中国的改革开放能以开放的眼光和包容的态度,正确看待中国与世界的关系,积极学习人类的有益文明成果,把中国特色社会主义事业全面推向前进,发挥了思想引领作用。

开拓进取的核心是创新,创新是马克思主义保持先进性的重要思想武器。马克思主义认为,事物是不断发展变化的,实践的不断发展必将推动理论的持续创新,理论创新又会指引实践进一步发展。习近平在党的十九大报告中强调"创新是引领发展的第一动力"[1],世界的发展在本质上要求人们具有开拓进取的精神。在研究和分析社会主义实践的时候,我们同样需要运用辩证法的思维方式,不断开拓进取,善于总结新的实践创造的新经验,及时进行理论创新,为社会主义实践探索注入活力。实践是思想之母,新的社会主义实践会对社会主义基本原则进行丰富和发展,我们要做的,就是不断总结实践经验,在坚持社会主义基本原则的基础上,大胆进行理论创新,推动社会主义实践不断向前发展。恩格斯说:"科学越是毫无顾忌和大公无私,它就越符合工人的利益和愿望。"[2]这种毫无顾忌和大公无私就是勇气,就是共产党人在实践中敢于开拓进取追求真理的精神品质,体现出了共产党人在改革开放中"咬住青山不放松"的顽强拼搏精神。正是中国共产党人遵循马克思主义的指导,不断开拓进取,搞改革开放推动建立社会主义市场

---

[1]　习近平:《决胜全面建成小康社会　夺取新时代中国特色社会主义伟大胜利——在中国共产党第十九次全国代表大会上的报告》,人民出版社,2017年,第31页。

[2]　《马克思恩格斯选集》(第四卷),人民出版社,1995年,第258页。

经济体制,大力发展非公有制经济,在各个领域各个方面进行了一系列改革,才使得我国摆脱了贫穷落后的状态。这些举世瞩目的事实表明,只有开拓进取、勇于改革和善于创新,才能推动经济社会向前发展,为世界社会主义的发展注入生机与活力。

二、马克思主义的科学性确保了社会主义改革行稳致远

马克思主义的另一个显著特征就是它的科学性。马克思主义之所以能永葆生命力,是因为它是科学的理论,能够正确解释人类社会发展过程中遇到的问题,并给出解决方案。马克思主义的科学性体现在多个方面,对于中国的改革开放而言,最具价值的就是辩证唯物主义和历史唯物主义的世界观和方法论,尤其是其唯物辩证法所提供的认识矛盾的科学方法,为我们正确认识中国改革中遇到的一系列问题和矛盾,提供了科学的方法论指导。

马克思、恩格斯的辩证唯物主义和历史唯物主义思想,为我们揭示了人类社会发展的基本规律,指出了社会的前进方向。在马克思主义指导下,中国的改革开放始终遵循人类社会发展规律,不仅成功开辟出中国特色社会主义道路,而且取得了如此巨大的成就。马克思主义认为,生产力是社会发展中最活跃的因素,决定了社会发展的历史阶段。在生产力的推动下,形成了生产力与生产关系、经济基础与上层建筑的社会基本矛盾,这个基本矛盾决定了社会发展的性质和方向。在社会基本矛盾的作用下,生产关系和上层建筑必然要随着生产力的发展而发展。如果它们不能适应生产力发展要求,成为生产力发展的障碍,那就必然需要进行调整和变革。人类历史发展告诉我们,旧的生产关系会阻碍生产力的发展,脱离实际超越发展阶段的生产关系同样也会阻碍生产力的发展。对前一种情况,社会一般采用革命的手段消除生产力发展的障碍,对后一种情况则采用改革的手段消除生产力发展的障碍。中国的发展正好属于第二种情况。

中国在1956年建立起社会主义制度后,以公有制为主体的生产关系和与之相适应的上层建筑,从总体上基本适应了发展生产力的要求。但是随

着生产力的不断发展,社会主义生产关系和上层建筑必然需要进行调整和变革,使之更加适应生产力发展需要。所以从这个意义上来说,改革是社会主义建设的必然。中国的改革开放正是遵循了这一基本规律,主动变更不适应生产力和经济基础发展的生产关系和上层建筑,从而推动经济社会发展。在这一基本规律指引下,中国的改革开放四十多年才取得了如此辉煌的成就。

遵循辩证唯物主义和历史唯物主义的指引,决定了中国的改革开放必须始终坚持社会主义方向,既不走封闭僵化的老路,也不走改旗易帜的邪路,而是要走出具有中国特色的社会主义建设道路。中国推进改革开放的目标是实现国家和社会的现代化,走老路只会将中国带回黑暗的历史,这显然违背了人民的意愿和历史的发展方向。正如习近平指出:"世界潮流,浩浩荡荡,顺之则昌,逆之则亡。"[1]社会主义是人类历史的发展方向,改革开放只有坚持社会主义方向,才有光明的前途和美好的明天。当今世界"资强社弱",而且这一局面在短时间内不会有所改变。在这样的局势下,我们不能被目前强势的资本主义所迷惑和吓倒,不能丧失信心。当今世界出现的纷繁复杂的现象:资本主义似乎还在"垂而不死",世界历史似乎正在走向"终结",这一切都没有超出马克思主义基本理论的认识。应该说马克思、恩格斯对此早有预言,在《〈政治经济学批判〉序言》中有这样一段话:"无论哪一个社会形态,在它所能容纳的全部生产力发挥出来以前,是决不会灭亡的;而新的更高的生产关系,在它的物质存在条件在旧社会的胎胞里成熟以前,是决不会出现的。"[2]马克思、恩格斯在《资本论》中已经深刻地分析了资本主义社会的基本矛盾,这一矛盾已经决定了"资产阶级的灭亡和无产阶级的胜利是同样不可避免的"[3]。在这些重要思想的指导下,中国的改革开放始终保持社会主义方向,从而确保了人民生活水平能稳步提高。

---

[1] 《习近平谈治国理政》(第一卷),外文出版社,2018年,第248页。
[2] 《马克思恩格斯文集》(第二卷),人民出版社,2009年,第592页。
[3] 同上,第43页。

在马克思主义的唯物辩证法体系中,科学认识事物发展的对立统一规律是其实质和核心。对立统一规律又称矛盾规律,是唯物辩证法的根本规律。矛盾就是指事物内部诸要素之间和事物之间的对立统一关系,它揭示了事物发展的源泉、动力和实质内容。矛盾具有同一性和斗争性、普遍性和特殊性等特有的属性;同时,矛盾还存有内因与外因、主要方面和次要方面等属性。马克思主义极为重视矛盾的决定作用,认为人类社会历史的发展是由矛盾决定和推动的,强调正确认识矛盾和把握矛盾是无产阶级政党在社会主义革命和建设事业中必须掌握的科学方法。马克思认为矛盾是普遍存在的,但矛盾却各有其特性,是普遍性和特殊性、多样性和差异性的统一。认识矛盾和解决矛盾关键在于要找到矛盾的特殊性,就是使其"成为我们认识事物的基础的东西,则是必须注意它的特殊点,就是说,注意它和其他运动形式的质的区别。只有注意了这一点,才有可能区别事物"[1]。马克思主义强调,在构成事物的矛盾总体中,决定事物性质处于支配地位的矛盾就是主要矛盾,其他处于从属地位的矛盾就是次要矛盾。主要矛盾和次要矛盾在事物的运动中能够相互转化。无论是主要矛盾,还是次要矛盾,矛盾双方的力量也是不一样的,矛盾的性质也是由起支配地位、处于主导作用的一方所决定,"事物的性质,主要地是由取得支配地位的矛盾的主要方面所规定的"[2]。矛盾的主要方面和次要方面是相互作用,并在一定条件下双方的地位互相转化。主要矛盾与次要矛盾,矛盾的主要方面与次要方面,也就决定了在认识事物和把握事物时要坚持"两点论"和"重点论"的统一,就是在工作中既要抓重点,也要注意"两条腿"走路,做好统筹兼顾,才不至于顾此失彼。

在中国的社会主义改革中,中国共产党正是有效运用了马克思主义的唯物辩证法,在对立统一规律和矛盾分析方法的指导下,科学分析改革的原

---

① 《毛泽东选集》(第一卷),人民出版社,1991 年,第 308 页。
② 同上,第 322 页。

因、动力、进程和走向,保证了中国的改革行稳致远。如改革开放初期确立的"一个中心,两个基本点"的社会主义初级阶段的基本路线,正是"两点论"和"重点论"统一的最佳体现。这条基本路线既抓住了以经济建设为中心这个重点,又抓住了坚持"四项基本原则"和"改革开放"两个基本点,从而确保了改革开放能经受住大风大浪的考验。

由此可见,马克思主义以辩证唯物主义和历史唯物主义、唯物辩证法和认识论等内容为核心所展现的科学性,为中国共产党和中国人民推进改革开放提供了历史定力——坚持社会主义方向永远不变,同时也提供了科学的方法论。正是有了马克思主义的科学性作为指导,中国的改革开放才能披荆斩棘在曲折中一往无前。

第二节　列宁对社会主义改革的探索

在社会主义发展史上,列宁是将社会主义建设理论付诸实践的第一人。特别是关于如何在落后的国家进行社会主义建设,列宁在理论和实践上都做出了巨大贡献,开创了将马克思主义基本原理与具体国情相结合的实践典范。马克思、恩格斯虽然留下了落后国家可能会"跨越卡夫丁峡谷"的设想,但是对落后国家如何进行社会主义建设没有留下具体建议。列宁根据当时苏联落后的生产力状况和国内的社会矛盾情况,在战时共产主义政策的基础上提出了新经济政策,形成了关于社会主义建设的新认识,开启了落后国家进行社会主义建设的有益探索。新经济政策及列宁对社会主义建设的新认识是对社会主义理论的丰富和发展,是马克思主义本土化的实践典范,也成为包括中国在内的落后国家进行社会主义建设和改革的思想源头和理论渊源。

一、开启了社会主义建设的有益探索

战时共产主义政策作为经济改造的政策,在 1920 年后的和平建设时期

因脱离俄国的实际而遭遇严重挫折。列宁意识到了一个国家如果工业和农业都如此落后，"向共产主义过渡在经济上是不可能的"①。与西欧发达国家相比，俄国的大工业本来就不发达，加之长年战争的破坏，工业濒临崩溃。而工业的恢复又需要有农业的支持，这就需要调动农民生产粮食的积极性，提高农民的生产积极性，为大工业恢复创造条件。1921年，列宁开启了社会主义建设的有益探索，即率先在农业部门开始施行新经济政策将粮食的余粮收集制改为粮食税，其征额也远小于余粮收集制。这样不仅取消了实物纳税的方式，而且给予了农民更多物质奖励。在新经济政策下，农业总产量得到了迅速提高，特别是畜牧业在新经济政策时期获得重大发展，牲畜头数急剧增加。在农村实施粮食税，农民有了剩余的农产品，这在一定程度上促进了自由贸易的开始。快速发展的自由贸易甚至冲破了国家的限制，一些手工业、合作社及国有企业相继被自由贸易卷入商品交换等商业活动中。

新经济政策不仅消除了对农业的垄断，也逐步恢复了商品交易，允许自由贸易的存在。列宁也逐渐改变商品货币与社会主义相对立的看法，而且产生了"通过商业这条更加迂回的道路"②来建设社会主义的想法。在新经济政策下，国家暂时停止了中、小工业的国有化进程，并通过法令的形式允许采用多种经营方式创建私人企业。另外，一些有利市场发展的规则也逐渐得以建立起来，如在工业企业实行经济核算制，在薪酬上推出计件工资制等相应奖惩制度。这一系列的改革，提高了劳动生产率，经济发展呈现好的势头。

在新经济政策时期，国家开始探索将收归国有的工业同市场相结合的方式。1921年，人民委员会暂时停止中、小工业的国有化，并颁布法令，允许通过多种经营方式创建私人企业，如租赁、租让、托拉斯、国有股份公司、合伙经营等形式，促使国有企业适应市场规则。工业企业转而实行经济核算

① 《列宁全集》(第41卷)，人民出版社，1986年，第70页。
② 潘金娥：《马克思主义本土化的国际经验与启示》，社会科学出版社，2017年，第40页。

制,这是新经济政策对国有工业企业组织结构进行改组的最重要内容。实行核算制的企业在经济上独立,可以自行采购原料和燃料并在市场上出售自己的产品。与企业核算制同时进行的还有工业托拉斯化,托拉斯按地区原则建立,更能接近生产,易于领导。此外,为了提高劳动生产率,振兴企业,推出了各种形式的计件工资和鼓励劳动竞赛的奖惩制度。工人的劳动态度发生改变,矿工人数减少了,劳动生产率提高了,企业的物质基础得到恢复,在战乱年代关闭的企业重新投入生产。①

新经济政策的实施,实际上是对战时共产主义政策的改革。它根据当时俄国的新情况,改变了战时共产主义政策的诸多规定。如允许私有的企业形式存在,建立了多种经营方式,也引入了市场规则,促使国有企业的经营方式更加灵活多样。新经济政策也改革了分配机制。它改变了平均主义分配方式,重视物质激励,推出了以多劳多得为原则的激励分配方式,有力转变了工人的劳动态度,有效提高了工人的劳动积极性,促使劳动生产率相应得到大幅提高。在新经济政策的带动下,农业和工业两大领域的生产都取得了较好成效,各类产品产量都迅速增加,极大缓和了社会矛盾。新经济政策的成功说明,单一所有制结构的经济并不适合落后国家搞社会主义建设,而允许自由贸易,发展多种所有制经济成分,推动商品经济发展是经济文化落后国家的社会主义建设不可逾越的阶段。列宁的这些改革探索也为我国实施改革开放,探索建立市场经济体制建设提供了有益的借鉴。

二、形成了社会主义建设的新认识

社会主义不是建立在口号上的,而是建立在扎扎实实的建设实践上的,特别是落后国家对社会主义的认识不能局限在经典本本中。列宁对新经济政策实施后的俄国发展进行了回顾和总结,初步形成了建设和发展社会主

---

① 参见潘金娥:《马克思主义本土化的国际经验与启示》,社会科学文献出版社,2017 年,第 40 页。

义的新思路,并对实践中的社会主义具备或者应该具备的特征进行了概括。这些理论创新成为中国等诸多社会主义国家探索社会主义改革实践举措的重要思想来源。

第一,社会主义要建立在坚实的物质基础上。列宁反复强调"无产阶级取得国家政权以后,它的最主要最根本的需要就是增加产品数量,大大提高社会生产力"①。"劳动生产率,归根到底是使新社会制度取得胜利的最重要最主要的东西"②。而俄国是一个在资本主义不发达基础上建立的社会主义国家,工业基础相对薄弱。社会主义革命胜利以后,一个重要任务就是集中力量发展大工业,为社会主义奠定坚实的基础。列宁曾用"苏维埃政权加全国电气化"这样简明的语言,表达了社会主义和工业化的关系。他后来更加明确强调,"建立社会主义社会的真正的和唯一的基础只有一个,这就是大工业。如果没有资本主义的大工厂,没有高度发达的大工业,那就根本谈不上社会主义,而对于一个农民国家来说就更是如此"③。

第二,社会主义建设要遵循国家的实际国情。战时共产主义政策在1920年后遭遇的挫折,证明了马克思、恩格斯设想的"无市场、无商品、无货币"的社会主义模式,不适应于像俄国这样的落后国家。列宁在《论合作社》中明确宣布:"我们对社会主义的整个看法根本改变了。"④列宁认为,经济文化落后的国家搞社会主义建设,必然需要支持小农生产力发展,进而搞活经济恢复和发展社会主义工业建设。新经济政策实施后,列宁认识到了落后国家的社会主义建设必须通过发展商业这条道路,要用商业把社会主义大工业与小农经济结合起来。为发展商品经济和国内市场的需要,列宁又适时提出按照商业原则来改造社会主义工业、企业的任务。为此,国有企业实行经济核算,改革了工资制度,同时改革过去的工业管理体制,国家不再直

---

① 《列宁选集》(第四卷),人民出版社,1995年,第623页。
② 同上,第16页。
③ 《列宁全集》(第41卷),人民出版社,1986年,第301~302页。
④ 庄福岭:《简明马克思主义史》,人民出版社,2013年,第257页。

接经营企业,等等。① 此外,列宁还提出,社会主义建设应建立在个人对物质利益的关心基础上,要贯彻物质利益原则,实现集体利益与个人利益的正确结合。他还提出要充分利用和吸收资本主义的文明成果为社会主义建设所用,对资本主义的资金、技术和管理经验可通过租让制等形式予以吸收,以此来发展社会主义生产力,等等。② 列宁的这一系列思想和结论是对社会主义理论的重大创新和发展,对我国探索社会主义改革的理论和实践都产生了深远影响。

第三,落后国家建设社会主义具有长期性。新经济政策的实施意味着列宁放弃了通过战时共产主义政策直接进入共产主义社会的设想,而是采用过渡方式进入社会主义,明确了发展商品经济是落后国家建设社会主义不可逾越的阶段这一重要判断。事实也表明,允许自由贸易,能调动人民群众的生产积极性,较快恢复国民经济。在多劳多得原则的激励下,粮食、原料和燃料短缺问题得到了较好解决,发展大工业也就有了可能。这种措施为日后建设社会主义与建成社会主义的两个不同命题都打下了认识基础。列宁的这种间接过渡思想,在实践上缓解了人民群众对延续战时共产主义政策的不满。更为重要的是,列宁的探索实践为社会主义建设提供了极其宝贵的经验,即"经济文化愈落后,过渡时期就会愈长,切不可犯革命急性病"③。这也说明落后国家建设社会主义将是个长期的过程。由此可见,新经济政策从社会主义建设的手段和时间两个维度给予了落后国家如何建设社会主义较好的启示。

列宁对社会主义建设的有益探索,对我国的改革开放形成了较好的启示。社会主义建设一定要以"经济建设为中心",不断解放和发展生产力,才能增强社会活力,夯实社会主义基础。新经济政策的实施及其成功,证明了

---

① 参见庄福岭:《简明马克思主义史》,人民出版社,2013 年,第 257 页。

② 同上,第 259 页。

③ 赵明义:《理论与实践结合:马克思主义、科学社会主义当代化与本国化研究》,山东人民出版社,2009 年,第 168 页。

社会主义建设模式不是来自经典本本中的既有公式,而是在实践中,根据经济社会生产实际情况,在不断地进行改革调整的。新经济政策,允许私有企业存在,建立多种经营方式的这些有益作法,为我国搞改革开放进行经济体制改革提供了有益的经验和启示。

第三节　毛泽东对社会主义改革的认识

毛泽东领导的社会主义建设实践为推进改革开放,开创中国特色社会主义事业,积累了宝贵经验。没有改革开放前三十年的社会主义事业建设的经验积累,也就不可能有改革开放的持续推动和今天的中国特色社会主义事业的不断发展,正如习近平所强调的"不能用改革开放后的历史时期否定改革开放前的历史时期,也不能用改革开放前的历史时期否定改革开放后的历史时期"①。毛泽东在早期的社会主义建设过程中,开创性地提出了一系列有关中国社会主义建设的理论成果,为后面的改革开放提供了宝贵的理论准备。

一、提出"走自己的路"的建设方针

毛泽东是马克思主义基本原理与中国实际相结合的开创者,这一开创不仅在新民主主义革命上取得了巨大成功,在社会主义建设上也有较大成就。到 1956 年,以社会主义改造基本完成为标志,中国确立了社会主义制度,实现了中国历史上最伟大最深刻的社会变革,也为中国后来实现的一切进步和发展打下了坚实的制度基础。由于中国共产党没有建设新国家、新制度的经验,对外学习借鉴就成为重要选择。苏联对于中国革命的影响,共产国际对于中国共产党的影响,决定了在新中国建立之初借鉴苏联的社会主义建设经验,学习苏联的社会主义建设理论几乎成为必然的选择。因此,

---

① 李庆刚:《科学对待领袖人物的是非功过》,《学习时报》,2014 年 1 月 6 日。

中国的计划经济体制受到苏联社会主义建设理论和实践的巨大影响。但是1956 年召开的苏共二十大及苏联社会主义建设中存在的问题,使得苏联模式的弊端较为充分地暴露出来。针对这些问题,中国共产党逐步破除了对苏联模式的迷信和照搬,开始了独立自主地探索社会主义建设的理论和实践。在 1956 年前后,毛泽东就已察觉苏联模式的弊端,提出了"走自己的路"的社会主义建设方针。毛泽东指出:"最重要的是要独立思考……现在更要努力找到中国建设社会主义的具体道路。"①正是有了这种理论思考,他作出了中国正处于"不发达的社会主义"②阶段的这一重大判断。这一判断对中国社会主义初级阶段理论的形成和正确认识中国国情提供了重要的理论依据。

在社会主义经济建设问题上,毛泽东提出了更具有创造性的见解,明确指出否定商品经济的观点是错误的,这是违背客观法则的。③ 由此可见毛泽东也认识到了不能简单地将商品生产与社会主义对立起来,从实际情况来看社会主义需要商品生产。这个重大的理论判断说明商品生产是一种工具,不能与具体制度相等同,这直接为改革开放科学认识市场的作用作了很好的理论铺垫。毛泽东对价值规律也有了新的认识,认为不能排斥价值规律在经济建设中的作用,而且强调要用好价值规律"才有可能建设我们的社会主义和共产主义。否则一切都不可能"④。在发展经济具体形式上,毛泽东针对苏联单一经济模式的弊端,提出了"在搞国营的基础上搞私营,坚持社会主义的前提下搞资本主义,可以搞国营,也可以搞私营,可以消灭资本主义,又搞资本主义"⑤的思想。这一思想与列宁时期的新经济政策有异曲同工之处,显示出了毛泽东对私营经济有了新的认识:在私营经济认识上不

---

①　吴冷西:《忆毛主席——我亲身经历的若干重大历史事件片断》,新华出版社,1995 年,第9 ~ 10 页。

②　《毛泽东文集》(第七卷),人民出版社,1999 年,第 116 页。

③　参见《毛泽东文集》(第七卷),人民出版社,1999 年,第 434 ~ 441 页。

④　《毛泽东文集》(第八卷),人民出版社,1999 年,第 34 页。

⑤　王伟光:《改革开放和中国经验》,社会科学文献出版社,2014 年,第 115 ~ 116 页。

搞"一刀切",不能简单地否定和排斥一切私营经济;在社会主义制度下,发展私营经济可以为社会主义服务。这一思想为后来的改革开放发展个体经济和私营经济提供了直接理论来源。

在有关社会主义发展阶段问题上,毛泽东提出了社会主义发展的长期性和阶段性问题。马克思运用唯物辩证法的发展观,分析未来社会将经历"第一阶段"和"高级阶段"两个发展阶段,至于每个发展阶段还要不要划分为更小的阶段,他没有论及。列宁在社会主义实践中提出每个发展阶段都有一个多级发展过程,即大阶段中有小阶段。许多社会主义国家都把社会主义第七卷社会看成是一个短暂阶段,不去划分阶段,并急于向共产主义过渡。在总结这方面理论积累和实践经验的基础上,毛泽东提出社会主义社会是一个相当长的历史阶段的重要论断,并在 1959 年底读苏联《社会主义政治经济学》教科书时指出,"社会主义这个阶段,又可能分为两个阶段,第一个阶段是不发达的社会主义,第二个阶段是比较发达的社会主义。后一阶段可能比前一阶段需要更长的时间"[①]。这是毛泽东对我国国情和社会主义发展阶段比较清醒的认识,认识到在我国进行社会主义建设需要一个相当长的历史阶段。在《关于正确处理人民内部矛盾的问题》中,毛泽东指出:"我国的社会主义制度刚刚建立,还没有完全建成,还不完全巩固。"由此可见,社会主义制度有"建立"和"建成"之分。而中国已经基本上建立了社会主义制度,但还没有建成社会主义社会,社会主义制度还需要进一步完善。社会主义建设的长期性和阶段性,说明了社会主义可以划分为"不发达的"和"比较发达的"阶段,进而加深了对社会主义的认识,这些理论认识为日后的改革开放形成社会主义初级阶段理论奠定了思想基础。

二、构建社会主义矛盾学说

社会主义制度建立后,社会主义是否存有矛盾? 如何处理和解决社会

---

① 《毛泽东文集》(第八卷),人民出版社,1999 年,第 116 页。

主义社会的矛盾？由于历史条件的局限，马克思和恩格斯对社会主义社会是否存在矛盾，没有作出明确的回答。列宁虽然作出了在社会主义社会中，"对抗将会消失、矛盾依将存在"①的科学判断，但他的继承者斯大林却在一个较长时期内否定社会主义社会仍然存在矛盾。与这些社会主义经典作家们不同的是，毛泽东不仅明确指出社会主义社会仍然充满矛盾，而且认为社会主义社会的基本矛盾仍然是生产力和生产关系、经济基础和上层建筑之间的矛盾，并且这种矛盾在中国主要表现为人民内部矛盾。

毛泽东在《关于正确处理人民内部矛盾的问题》中，强调社会主义社会各方面都存在着矛盾，矛盾才是社会主义社会发展的根本动力，并对社会主义社会的矛盾作出了精辟分析。他着重分析了两种矛盾。一是社会主义社会的基本矛盾。毛泽东认为社会主义社会的基本矛盾仍然是生产关系和生产力、上层建筑和经济基础的矛盾，与旧社会所不同的是，两者之间又相适应又相矛盾。这个论述极大地解放了人们的思想，为后来推进改革开放打开了思想闸门，提供了重要的理论依据。二是社会主义社会存在两类不同性质的社会矛盾。毛泽东提出社会主义社会存在着人民内部矛盾和敌我矛盾这两类不同性质的社会矛盾。他强调要严格区分和正确处理这两类矛盾，用不同方法处理不同性质的矛盾。在革命时期大规模的急风暴雨式的阶级斗争基本结束后，大量的矛盾是属于人民内部矛盾，是非对抗性的，"可以经过社会主义制度本身，不断地得到解决"②，要把正确处理人民内部矛盾作为国家政治生活的主题。这就为调动一切积极因素建设社会主义提供了重要理论依据。

毛泽东对社会主义社会矛盾学说的探索与构建，不仅发展了马克思主义唯物史观，体现了中国共产党人与时俱进的时代创新精神，而且对当今改革开放有重大理论和现实的指导意义。根据毛泽东的社会主义矛盾学说，

---

① 《列宁全集》(第60卷)，人民出版社，1990年，第28页。
② 《毛泽东文集》(第七卷)，人民出版社，1999年，第213页。

在改革开放初期,党针对物质异常匮乏的实际情况,确定了我国的社会主要矛盾是落后的社会生产力与人民日益增长的物质文化需要。这一社会主要矛盾的确定,才得以形成"以经济建设为中心"的发展主题,进而大力解放和发展社会生产力,促进经济社会发展改变落后的社会面貌。正是得益于对社会主要矛盾的正确认识,党的执政才摆脱了"以阶级斗争为纲"的错误思维,国家的发展才步入了正轨。毛泽东在《论十大关系》中指出了社会主义建设中的十种关系都是矛盾,这意味着在社会主义建设中不仅要"以经济建设为中心",而且还要注意建设的全局性和建设的多领域性。正是在这些思想的指导下,我们改革开放不仅要以经济体制改革为重点,而且还要实施全面改革,注重发展的均衡性和全面性。毛泽东的社会主义矛盾学说也告诫我们,随着经济社会的发展,矛盾也在发生着相应的变化,"矛盾不断出现,又不断解决"①,适时确定新的社会主要矛盾,有利于经济社会的进一步发展。据此,党根据新的发展变化,在党的十九大确定了人民日益增长的美好生活需要和不平衡不充分的发展之间的矛盾是当前我国社会的主要矛盾,为新时代的经济社会发展指明了方向。

① 《毛泽东文集》(第七卷),人民出版社,1999 年,第216 页。

第二章

中国社会主义改革的历史进程

通过对中国社会主义改革历史进程的分析,不难得出这样一个结论:中国在"资强社弱"的国际环境下进行改革,不但没有改旗易帜,而且坚持走社会主义道路并将社会主义发扬光大。这一切正说明了中国社会主义改革的创新值得分析和总结,进而说明深入研究中国在这场改革中的理论创新和实践创举,将给我们开创今后的改革之路以重要启示。

第一节　中国社会主义改革的历史背景

1978 年党的十一届三中全会,作出了把工作中心转移到经济建设上来、实行改革开放的重大历史性决策。习近平在十八届中央政治局第二次集体学习中回顾我国改革开放历程时说,20 世纪 70 年代末,党和国家作出改革开放的历史性决策,有三个方面原因:"一是对'文化大革命'的深刻反思;二是对中国发展落后的深刻反思;三是对国际形势的深刻反思。"①综合来看,这一改变中国前途命运的关键抉择有着深刻的国内原因和国际背景。

客观而言,中国启动社会主义改革的历史境遇并不理想。国际环境的

---

① 中共中央党史研究室:《历史是最好的教科书》,《人民日报》,2013 年 7 月 22 日。

历史背景是"资强社弱"。西方资本主义国家已经历了一个发展的"黄金期",各方面呈现出较为繁荣的景象,而东欧社会主义国家的改革却"一塌糊涂",出现了人民生活水平严重下降和社会动荡的危机。国内的时代背景是社会主义建设实践遭遇了重大挫折。由此可见,在中国社会主义改革启动之际,我国面临着空前的内外压力。

一、中国社会主义建设实践遭遇重大挫折

新中国成立至 1966 年,中国的社会主义建设虽然经历了一些探索中的曲折,但仍然取得了令人瞩目的成就。十年"文革"重挫了中国发展,给党和国家带来了深重灾难,使得中国社会主义建设实践遭遇了重大挫折。

首先,政治发展遭遇曲折。由于一些政治制度与规则出现扭曲变形的现象,导致国家政治生活出现不正常的状况。如作为我国根本政治制度的人民代表大会制度遭到了破坏,几乎陷于瘫痪。中国人民政治协商会议也有 10 年未召开。党和政府各级机构、各级组织的工作几乎陷于停滞状态。当时一些人主张砸烂"公检法",使得社会主义法制遭到践踏,一大批包括党和国家领导人在内的领导干部、民主党派负责人、各界知名人士和群众遭受残酷迫害,造成大量的冤假错案。文攻武斗、抄家批斗等现象极为普遍,人民生命财产没有保障,整个社会生活陷入持续动荡之中。据中央组织部统计,"文化大革命"中全国被立案"审查"的干部共 230 万人,占"文化大革命"前 1200 万干部的 19.2%。其中,中央、国家机关副部长和地方副省长以上的干部,被立案"审查"的约占同级干部总数的 75%;有 6 万多名干部被迫害致死;集团性冤假错案近 2 万件,涉及干部达几十万人。因大量冤假错案受到诬陷、迫害和株连的更是难以计数。[①]

其次,经济发展陷入滞缓。在经济上,由于"斗、批、改"运动的巨大伤

---

① 参见中共中央党史研究室:《中国共产党历史》(第二卷下),中共党史出版社,2011 年,第967 页。

害,使整个社会生产基本陷于瘫痪,经济建设遭遇极大挫折,导致我国的经济实力与世界许多国家差距越拉越大。主要表现为:在"宁要社会主义的草,不要资本主义的苗"等极左口号的影响下,一些人极力批判"唯生产力论",凡是有利于发展社会生产的,搞活经济的有益做法都被当作修正主义和资本主义复辟加以批判。在农业上,"反'单干',割资本主义尾巴"。在所有制上,只允许单一公有制经济成分存在,严禁个体经济和其他经济成分的发展。在分配上,盛行"平均主义"、吃"大锅饭",长期忽略物质利益分配的激励作用。在对外关系上,搞"世界社会主义",无偿支援越南、朝鲜、阿尔巴尼亚等国,有的援助项目甚至超出国家实力;基本断绝与发达资本主义国家交往,批判所谓"洋奴哲学""爬行主义"。1978 年,华国锋在五届人大一次会议政府工作报告中,对"文革"十年的评价是"整个国民经济几乎到了崩溃的边缘","'文革'对经济造成的损失达 5000 亿元,相当于建国 30 年全部基本建设投资的 80%"[①]。整个国家发展和人民生活水平,大多数指标排在世界国家和地区 170 位以外,处于联合国有关部门和世界银行等组织划定的贫困线之下。[②] 社会经济发展可谓是支离破碎,濒临绝境。

最后,科技文化教育事业遭受重创。由于受极左思潮影响,在 1971 年全国教育工作会议上,"四人帮"炮制出台了"两个估计"的错误论断,这成为广大知识分子的"噩梦",使知识分子遭受残酷迫害。许多有造诣的专家、教授被打成"牛鬼蛇神",关进"牛棚",被迫进行改造。许多学有所成的归国知识分子在"文革"中被打倒受冲击,甚至被迫害致死。"在'文化大革命'期间中国科学院仅在北京的 171 位高级研究人员中,就有 131 位先后被列为审查和打倒对象。全院被迫害致死的达 229 名。上海在科技界制造的'两线一会'特务案,株连了 14 个研究单位 1000 多人,受逼供拷打等残酷迫害的科技

---

① 萧冬连:《国步艰难——中国社会主义路径的五次选择》,社会科学文献出版社,2009 年,第181 页。

② 参见曹普:《当代中国改革开放史》(上),人民出版社,2016 年,第 3 页。

人员和干部达607人,有的被迫自杀"①。在文化创造上,一些人大搞文化专制,文艺领域百花凋零,全国只有"样板戏""忠字舞""语录歌"。在一切以政治挂帅的理论指导下,政治运动频繁,学校基本处于停课状态,许多科研机构"空转",在一个时期内造成了"文化断层""科技断层""人才断层"。②对于选拔人才的"招生考试",在"文革"期间被污蔑为是"资产阶级考试制度",没有突出无产阶级政治,认为分数面前人人平等实际上是对劳动人民实行资产阶级的文化专制。有人说,"分数线,分数线是工农兵的封锁线","这种资产阶级知识分子出题、打分、说了算的招生考试制度,必须彻底废除"③。这一时期畸形发展的科技文化教育事业,使得原本落后的科技水平同世界先进国家的差距拉得更大。

从国内情况看,"文化大革命"给党和人民及社会主义事业带来了严重灾难。发生"文化大革命"这样的失误,使党和国家的发展遭到严重损害,人民利益遭受很大的损失,我国社会主义建设事业遭遇了极大的挫折,社会主义建设一度停滞。我国的经济实力、科技实力与国际先进水平的差距明显拉大,经济社会发展面临着巨大的压力。穷则思变,彻底纠正"文化大革命"的错误,扭转当时的严重局势,成为人心所向。

二、西方资本主义国家经济社会发展进入"黄金期"

在20世纪的50年代中期到70年代中期,中国正相继经历"大跃进""人民公社化运动""文化大革命"时,西方资本主义世界迎来了一个发展的黄金时期。在这个时期,世界工业生产产值平均增长率达到了5.6%,世界贸易额年平均增长率达到7.3%,经济繁荣。昔日的战败国德国、日本和意大利也紧抓这个时期,经济有了长足的增长,缩小了与美国的经济差距。一

---

① 《惊回眸,那个春天——记1978年全国科学大会召开的前前后后》,《科技日报》,2008年3月17日,转引自曹普:《当代中国改革开放史》(上),人民出版社,2016年,第4页。
② 曹普:《当代中国改革开放史》(上),人民出版社,2016年,第4页。
③ 郑谦:《中国:从"文革"走向改革》,人民出版社,2008年,第281页。

些发展中国家和地区的经济开始奋起直追,东亚也就有了"亚洲四小龙"的新型经济实体崛起。世界发展的一个个"耀眼"事实,惊醒了国人。

科学技术研究离不开国家经费的大力投入支持,战后西方发达资本主义国家普遍重视科学技术发展和科研经费投入。根据资料显示,1947年美国政府在科研经费上投入为26亿美元,1956年增加到85亿美元,此后逐年增加,到1965年突破了200亿美元。二战后,日本、联邦德国、法国、英国的这项投入到1964年分别为8.92亿美元、14.36亿美元、12.99亿美元和21.59亿美元。① 而且这些国家的科研投入经费在国民生产总值中所占比重逐年增加。高投入也换来了高收益,首先,西方发达资本主义国家劳动者素质普遍提高,劳动力结构已开始向非体力的智能化演变。劳动者是生产力中最活跃的要素,劳动者的知识水平和劳动技能决定了生产质量和生产效率。现代化生产必须依靠劳动者素质的普遍提高,以美国为例,1978年,美国的民用产业就业人口中,受过高等教育的占35.1%,受过中等教育的占55.4%,而受过初等教育的仅占9.5%。② 其次,科学技术发展也促进了管理水平的提高。现代化生产使得部门之间的专业分工与协作发展到了很高水平,这不得不要求管理的科学化和效率化,也促使了系列管理理论、管理方法、管理工具的创新。最后,科学技术的发展扩大和改进了劳动对象,不仅使原有的资源得到更好的、充分利用,还开发出新的自然资源,制造出新的工具。此外,生物技术、新科技技术、海洋技术也迅速发展,取得了骄人成绩,极大地开拓了人类世界涉足领域,人们的生活方式发生了很大变化。

在科学技术的推动下,二战后西方资本主义国家经济得到大发展。据统计,1950—1972年西方国家工业生产的年平均增长率增至6.1%,在增长的各因素中,科技进步因素在20世纪70年代约占60%。③ 如美国在20世

---

① 参见陶承德等:《科技革命与战后资本主义社会的新变化》,新华出版社,1998年,第73~74页。

② 同上,第67页。

③ 参见曹普:《当代中国改革开放史》(上),人民出版社,2016年,第10~11页。

纪60年代,经济连续上升106个月,被称为美国的"繁荣的十年"。联邦德国从1951年到1971年,20年间国民生产总值增加了5倍多。法国1951—1970年的工业平均增长率为5.9%,国民生产总值在1970年达到了1409亿美元。日本的发展更令人瞩目,1955—1970年,日本的国民生产总值增长了7.2倍。[①] 除西方发达国家外,中国周边原来比较落后的国家和地区,如韩国、新加坡、中国香港和中国台湾,在这期间也创造了经济发展奇迹,实现了经济快速发展,一跃成为"亚洲四小龙"。

世界范围内蓬勃兴起的新科技革命推动世界经济以更快的速度向前发展,发达资本主义国家抓住新技术革命兴起的机遇,大力发展社会生产力,不断调整自己的体制和政策,缓解社会矛盾,表现出稳定和快速的发展势头。资本主义经济进入了一个相对稳定的发展时期。战后资本主义的迅速发展,对社会主义各国形成了严峻挑战。我国经济实力、科技实力与国际先进水平的差距明显拉大。1978年中国人均国民生产总值低于印度,只有日本的1/20、美国的1/30,科技发展水平落后发达国家40年左右。[②] 我国经济发展水平与韩国、新加坡等一些新兴工业化国家和地区有了很大的差距。

三、东欧社会主义国家改革变质转向

建立在经济文化相对落后基础上的东欧社会主义各国,在发展初期取得了多方面的成就,但后来由于没有创造性地坚持和发展马克思主义,各种体制和机制逐步僵化,导致发展速度缓慢甚至停滞。至20世纪80—90年代,世界社会主义发展陷入严重困境,东欧社会主义国家改革出现变质转向。

东欧社会主义国家大多数是二战后在苏联帮助下建立起来的,在苏联的主导下组建起了一个世界社会主义阵营。这些国家有一个共同特点,就

---

① 参见曹普:《当代中国改革开放史》(上),人民出版社,2016年,第11页。
② 参见《中国特色社会主义学习读本》,学习出版社,2013年,第94页。

是生产力普遍落后,其生产力发展程度远未达到马克思、恩格斯笔下对社会主义生产力发展状况的要求。由于历史原因,这些国家的政治经济模式都照搬苏联模式。苏联逐步僵化的体制机制根本解决不了东欧社会主义国家对发展生产力的要求,反而使得国内问题和矛盾不断积聚。到20世纪70年代末,包括苏联在内的东欧社会主义国家,都掀起了改革浪潮。原东欧地区社会主义改革有一个共同性,就是在经济体制改革未见成效,人民生活水平下降的情况下,将改革的主攻方向对准党的领导,弱化甚至取消党的领导,向西方全面"学习",最终导致局势失控。社会主义改革变成了"改旗易帜",民族分裂、国家解体,轰轰烈烈的世界社会主义运动陷入低潮。东欧社会主义国家的改革悲剧警醒着同样在改革中的中国。

东欧社会主义国家在社会主义早期建设中,已发现高度集中的计划经济模式存在弊端,曾尝试引入市场机制进行经济体制改革,却由于保守势力反扑和苏联干涉,经济体制改革基本"夭折"。捷克斯洛伐克在20世纪50年代初期缩小计划范围,扩大企业自主经营权,却被扣上"修正主义"的帽子;60年代又遭遇严重经济困难,进行市场化机制改革,由于苏联等国的外力干涉,出现"布拉格之春"事件,改革最终以失败告终。波兰剧变的重要原因之一在于,国家以抬高物价方式进行经济体制改革。20世纪70年代波兰部长会议提高了45种生活消费品的零售价格,提价幅度为3.6%到92.1%,80年代波兰政府再次决定提高"议价商店"的肉类销售价格40%~60%,[①]大幅度的物价上涨降低了人民的生活水平,引发了社会动荡,造成工厂罢工,大批群众上街游行,削弱了党的威信。匈牙利也是较早尝试经济体制改革的国家,20世纪60年代开始引入市场化改革,被西方记者誉为"苏联东欧阵营中的消费者天堂"和"令人羡慕的东欧之窗"。[②] 但是在70年代由于出

---

① 参见王仲田、高金海:《历史剧变——社会主义的挫折及其教训》,山东人民出版社,1993年,第2~3页。

② 王仲田、高金海:《历史剧变——社会主义的挫折及其教训》,山东人民出版社,1993年,第22页。

现决策失误,导致80年代经济形势恶化,人民生活水平严重下降,全国近一半人口处于最低生活水平线,改革严重受挫。保加利亚于1976年提出"新经济方法",增加企业自主经营权,到了80年代中期,由于改革效果并不理想,社会上出现了质疑社会主义的声音。保加利亚又提出"七月构想"改革方案,希望加快改革步伐,度过社会危机,却遭到了以苏联为首的东欧社会主义国家的反对,改革也最终失败。

苏联自赫鲁晓夫时代始,就意识到了高度集中统一的经济管理体制存在弊端,开始尝试进行社会主义改革。1953年苏联就开始在工业、建筑行业进行下放企业管理权,减少国家指令性计划,扩大企业自主权的改革探索。勃列日涅夫上台后,在1965年开始进行柯西金改革尝试,旨在打破僵化的企业经营方式,调动劳动者的生产积极性,增加经济活力。柯西金改革取得了一定成效,但遭遇了保守势力反对,最终被以稳定为主的治理方式所取代。到了20世纪80年代,在经济遭遇持续滑坡的情况下,戈尔巴乔夫意识到了深入进行经济体制改革的必要性,但其操之过急的市场化改革,在一定时期内造成了既无计划又无市场的局面。在经济体制改革还未见成效的基础上,戈尔巴乔夫又断然启动政治体制改革,致使经济体制改革方案成为各路政治家争斗的牺牲品,苏联的经济形势进一步恶化,政治形势陷入无法把控的境地。

东欧社会主义国家经济体制改革的失策,使得社会发展滞后,人民生活水平持续低下,引起了民怨蔓延。在这种情况下,执政党将经济体制改革的失败归咎于政治体制的羁绊,贸然推动所谓多党制的"民主化"改革,最终结果导致国家解体,社会制度剧变。

二战后波兰经历了三次大的危机,给政治反对派团结工会造就了崛起的机会。在团结工会步步紧逼下,波兰统一工人党被迫召开"圆桌会议",这也意味着政治大妥协的开始,由此开启了政治多元化模式。政治体制改革走向了议会、行政和司法三权分立的西方模式,实行总统与议会两院的选举制。这一系列的政治改革实则为反对派提供了与党和政府公开较量的合法渠道,进一步弱化和虚化了党的领导,为波兰的剧变埋下了伏笔。

匈牙利政治改革同样如此,在经济形势日益恶化,群众不满情绪增长下,政治反对派组织开始不断萌生并不断发展。与此同时,党内高层领导却出现了明显的分歧,这给反对派组织要求政治体制改革,实行"多党制"提供了机会,政治多元化趋向不可避免。1990 年,匈牙利实行了分两轮的多党制大选,反对党取得了国家政权,公开彻底地推行西方资本主义模式。

捷克斯洛伐克在 20 世纪 80 年代继"布拉格之春"改革后,迫于经济形势持续低迷的压力,再度掀起了改革浪潮。但在经济体制改革还未见效的时候,社会上却拉开了反对派主导的"七七宪章"悼念运动。自此,反对派加紧组织了反对共产党执政的社会活动,社会上各类群众示威集会严重影响了社会稳定,也进一步加深了国家危机。在危机中,捷共高层领导内部出现认识上的分歧,导致捷共步步退让,直至主动停止党在权力部门的工作。1990 年,反对派在全国选举中获胜,捷克斯洛伐克宣布改弦易辙。保加利亚、罗马尼亚、南斯拉夫等社会主义国家政治体制改革如出一辙,反对派利用经济萎靡不振组织群众游行示威逼迫共产党下台,推动多党制的西方资本主义模式。

苏联作为当时世界社会主义的"龙头",其政治体制改革深深影响了东欧社会主义国家。可以说,东欧社会主义国家的"变天",主要是受到了苏联改革的影响。苏联的政治体制改革的始作俑者是戈尔巴乔夫,在经济体制改革未见成效的前提下,戈尔巴乔夫开启了"人道的民主的社会主义改革"。其本质也就是推动所谓民主化、公开性改革,目的在于肢解苏共,为多党制和总统制铺路。在民主化、公开性改革中,社会上出现了无休止的争吵和散播仇恨、敌对和恶毒的情绪。社会上对斯大林、勃列日涅夫进行了大肆地谴责,甚至发展到对马克思列宁主义和社会主义的怀疑和重新评价程度。民主化、公开性改革逐渐演变成了对苏共的批判。在所谓"自由选举"的第一次人民代表大会选举中,竞选者都将攻击苏共、社会主义作为竞选武器。选举成了争权夺位的平台,苏共成了社会各界攻击的对象,苏共的领导地位被严重地削弱。政治上的混乱进一步加剧了经济上的恶化。苏联陷入了深深的政治、经济、社会和民族危机中，原来潜伏的各类矛盾公开化，民族分裂势力也迅速抬头，各类势力与自由化思潮相互渗透与结合，打出了反共、反社会主义、反苏旗帜。1990年，苏联修改宪法，取消了共产党的领导地位，苏共高层领导被排除在了决策圈之外，苏共自动退出了政军权力部门。在1991年"8·19"事件后，苏共被"自行解散"，苏联这个20世纪最大的社会主义国家黯然解体。

东欧社会主义国家的剧变，是国际共产主义运动史上的一场悲剧。学术界对东欧剧变教训总结很多，但有一个共识就是执政党自毁长城，其自身建设没搞好，社会主义事业没搞好，由此得罪群众，丧失民心。① 从各方共识也可以看出，其教训可归纳为两点。

其一，是没有坚持党的领导。要坚持党的领导必须要加强党的建设，党的建设弱化就不能形成强有力的领导核心集体，掌控不了改革发展的大局，在矛盾和问题面前拿不出强有力的应对措施，而是随波逐流不断妥协。"打铁还需自身硬"，党的自身建设主要在于要从严治党和管党。一个长期执政的党，如果不能从严治党和管党，没有好的制度和法治约束党员干部，必然会导致执政党脱离群众，腐败蔓延和特权丛生，执政党的蜕变也就在所难免。腐败和特权不仅疏远了党和群众的联系，也给反对派攻击社会主义提供了借口。执政党的自身腐败和特权，极易滋生机会主义，不利于选拔真正有忠心、有担当、有能力的好干部，形不成一个强有力的领导核心，党的战斗力也必然大打折扣。

其二，没有解决好民生问题。东欧剧变的一个重要原因就在于经济建设没搞好，人民群众生活长期得不到改善，引发了人民群众不满，给了反对派号召群众上街游行示威反对党和政府的机会。如果搞社会主义，经济建

---

① 参见王仲田、高金海：《历史剧变——社会主义的挫折及其教训》，山东人民出版社，1993年，第229页。

设却搞上不去,民生问题不能很好地解决,人们就会对党和政府失去信心和希望。社会主义要战胜资本主义,防止政权被颠覆,最重要的是要抓住民心,最主要的是不断改善人民生活。正如马克思所说:"人们为之奋斗的一切,都同他们的利益有关。"①因此对于执政的共产党来说,要始终以经济建设为中心,把民生问题解决好,信仰也就更有力量。

此外,还要注意把握改革的方法。社会主义改革牵一发而动全身,特别需要注意运用科学的改革方法,才能掌握好改革的力度,把握好改革的"火候"。改革既要消除阻碍经济社会发展的弊端,又不能在国家和社会引起大的震动,既要变中求稳,也要稳中求变,只有这样改革才能达到兴利除弊的目的。东欧国家的社会主义改革由于没能处理好稳与变的关系,其改革手段单一,结果顾此失彼,以致全盘皆输。

第二节　中国社会主义改革的发展历程

中国改革开放四十多年,其波澜壮阔的发展历程改变了中国贫穷落后的社会面貌。中国的社会主义改革是怎么起步的? 改革进程是怎么推进的? 把握住改革开放推进的关键节点有助于全景地认识我国的改革开放历程,也就有利于从整体上把握改革开放顺利推进的缘由。学术界对我国改革开放历程的推进节点的认识不尽相同,根据不同的认识对改革开放历程进行了不同阶段的划分,大致而言,有"三分法""四分法""五分法"的阶段认识。② 毫无疑问,改革开放的重点和主线是紧紧围绕经济体制改革进行,经济体制改革的目标是建设和完善社会主义市场经济体制,也就是重新认识市场在资源配置中所起的作用。因此对市场的认识进度,也就决定了改革开放的推进力度。大体而言,中国社会主义改革经历了20世纪80年代对

---

① 罗建文、周建华:《民生幸福:中国特色社会主义的价值追求》,中国人民大学出版社,2017年,第57页。

② 参见李晓寒:《当代中国改革的历史进程与基本经验》,中共中央党校博士学位论文,2016年。

市场的探索,即有条件允许市场发挥作用,到90年代建设社会主义市场经济体制,明确市场对资源配置起基础性作用,再到2013年进一步完善社会主义市场经济体制建设确认市场对资源配置起决定性作用。根据这三种不同市场作用的认识,本书认为可将改革开放划分为改革开放探索期(有条件允许市场发挥作用时期,1978年12月—1992年2月),改革开放推进期(市场对资源配置起基础性作用期,1992年2月—2013年11月)和改革开放深化期(市场对资源配置起决定性作用期,2013年11月—至今)。当然在这些阶段,我国的社会主义改革不仅在经济领域大有作为,在其他领域的改革也在循序渐进推进。

一、社会主义改革探索和试验期(1978年12月—1992年2月)

从1978年到1992年,在这将近14年的改革时间里,中国共产党以巨大的政治勇气和强烈的历史责任感,努力探索出了实现第二次马克思主义中国化的路径,成功地开辟出了中国特色社会主义道路。这一时期改革的典型特征是:压力巨大、缺少经验、改革在摸索中前行。这一时期主要经历了三个阶段的改革。

(一)改革试点先行阶段,这一阶段大致是从1978年到1984年

在这一阶段,首先是思想的大解放。"文化大革命"结束后,人们的思想并没有得到彻底解放,经济生产依然迷信计划经济模式。1978年5月11日发表的《实践是检验真理的唯一标准》一文拉开了全党全国人民思想大解放的帷幕,掀起了社会激烈争论,精神上的枷锁由此被打破。在邓小平、胡耀邦等人的强有力支持下,全党开启了关于真理标准问题的大讨论,讨论的高潮席卷了全社会。关于真理标准问题的大讨论,促使党重新确立了实事求是的思想路线,为纠正长期以来的"左"倾错误,实现历史性转折奠定了理论基础。在解放思想的同时,1978年后全国掀起了出国考察热潮,出国考察使人们认识到了中国与世界的巨大现实差距,给中国敲响了警钟,震撼了时任中央领导,也震醒了国人。中国逐渐形成了"至上而下"大力推动经济社会

发展、变革社会发展模式的动力。

其次是启动农村生产经营体制改革。在自上而下谋改革的同时,一场自下而上推改革的基层实践已悄然开始了。安徽省滁州市凤阳县梨园公社的小岗村生产队,在生产体制上进行包产到户的大胆改革。这种全新的责任承包形式,不仅是对原有农业生产体制和生产关系的彻底否定和批判,而且解决了长期未能解决的粮食短缺问题。家庭联产责任承包制的农村生产体制改革,不是对原有生产体制的"修补",而是对原有体制彻底反思基础上的重建,是一次真正意义上的伟大改革。在中央确定"决不放松粮食生产,积极发展多种经营"①方针下,农副产品的日益丰富推动了市场的发展,商品经济体制已初现端倪,"全国农副产品的商品率已经由 1978 年的 39% 上升到 1985 年的 53.9%"②。农村生产经营体制的改革使得农村出现了中国历史上首次的"双富余"(富余资金和富余劳动力),"双富余"的出现也直接促使新的经济体——乡镇企业的诞生。乡镇企业异军突起,以前所未有的姿态飞速发展,创下了多个经营奇迹,显示出了"民间"发展经济的力量。中国农村经济的家庭联产承包责任制和乡镇企业,犹如两个巨大的引擎,推动了中国农村经济的腾飞,改变了上千年来农村贫穷落后的面貌。更为重要的是,农村改革的深入发展,使得原有城镇经济体制弊端更为凸显,日益增多的农副产品急需城镇市场,迫切需要打通城乡流通渠道,城市经济体制已到了不得不改革的境地,"农村包围城市"的改革态势已经初步形成。

最后是举办经济特区试点城市经济体制改革。推进城市经济体制改革与对外开放不可分割,对外开放犹如推进改革的"催化剂"。正是通过对外开放我们党学习到了有益经验,才有了"摸着石头过河"的底气,促使社会形成了全方位改革的大局面。经济特区作为对外开放的桥头堡,起到了联结

---

① 中共中央文献研究室编:《三中全会以来重要文献选编》(下),中央文献出版社,2011 年,第82 页。

② 邵维正、范继超主编:《改革开放——发展中国特色社会主义的必由之路》,人民出版社,2008 年,第18 页。

中国与世界的作用,通过对外开放,既学习到了先进经验,又有力地促进了改革。经济特区建设是成功的,为城市经济体制全面改革进行了热身和实验。作为改革开放排头兵的经济特区,在整个经济大环境没改变前,发挥了敢为天下先的精神,敢闯"禁区""盲区"和"难区",为改革开放闯出了一条生路,积累了宝贵的经验。例如,土地有偿使用是当时政策法规的"禁区",特区建设顶着"骂名"进行大胆闯试。发展非公经济,招商引资搞"借鸡生蛋",是社会主义建设史上前所未有的"盲区"。特区建设敢闯敢试,打破"铁饭碗"和"大锅饭",搞生产承包、多劳多得,这是矛盾错综复杂的"难区"。特区建设迎难而上,形成了"时间就是金钱,效率就是生命"的创新理念。经济特区正是因为敢闯敢试,才从早期"一穷二白"的状况,甚至是名不见经传的小地,发展为今天的国际化大都市,走出了一条社会主义建设新路子,闯出了发展的新局面,也促使形成了沿海、沿边、沿江和沿路全面对外开放的格局。

(二)城镇经济体制改革全面铺开阶段,这一阶段大致从1984年到1988年底

经济特区的成功,促使城镇经济体制改革紧锣密鼓全面展开。党的十二大提出了"走自己的道路,建设有中国特色的社会主义"①的命题。这一命题的提出意味着中国进入了改革开放提速时代,改革即将从基层的"民间创新",转变为中央的"顶层设计",并在全国铺开进行。自此党的十二届三中全会,在总结党的十一届三中全会以来城乡经济体制改革的基础上,适时出台了《中共中央关于经济体制改革的决定》(后面简称《决定》)提出建立有计划的商品经济。有计划的商品经济在理论上突破了传统思维下计划经济与商品经济相对立的观念,指出了计划经济必须遵循价值规律,而且明确指出将发展商品经济。《决定》的出台实则为改革后出现的非公有制经济正了名,市场化改革方向很明显。《决定》提出了包括价格体制改革在内的一揽

---

① 中共中央文献研究室编:《十二大以来重要文献选编》(上),中央文献出版社,2011年,第2页。

子国家宏观管理体制计划,要发展商品市场,明确了在坚持公有制主体地位同时发展多种所有制结构,推动产权分离的股份制形式和劳资制度等生产要素改革。《决定》之所以采用有计划的商品经济(也称为"双轨制"经济体制)这个概念,其一是因为对市场的认识还不够系统深入,还处于探索阶段;其二是为了避免人们认识"转弯"太大,一下接受不了市场经济概念,造成认识不统一而导致社会对立。《决定》的理论意义在于使"市场"概念逐渐深入人心,为后续深化经济体制的市场化改革做了很好的铺垫,实践意义在于改革重心从农村转向了城市,开启了全面改革探索。

(三)对改革进行调整整顿阶段,这一阶段大致从 1988 年底到 1992 年邓小平南方谈话发表

不可否认,这一时期较快地发展起一批在经济上具有活力的企业和地区,使广大国民从切身利益中感受到了市场的效力,认识到只有市场才能带来发展经济的活力和动力。但应该看到,双轨制经济的存在使得权力有寻租空间,利用权力套取"双轨"下的巨大价差,谋取巨额利益,以致"双轨"成了腐败之源,引发了 20 世纪 80 年代后期关于"官倒"问题的大讨论。长此以往,就会导致有人将腐败的源头归咎于改革,也会有人为了保持不当得利而尽力维护"双轨"状态,进而阻止进一步改革。如果出现这种情况,改革就会失去意义,甚至会危及政权。"双轨制"经济体制该何去何从? 一时成为改革的焦点和热点,特别是在东欧剧变和国内发生严重政治风波后,关于改革应该是"计划取向"还是"市场取向"的争议异常激烈。发生在 1991 年春天的"皇甫平事件"将这次争论的交锋推向高潮,改革走到了一个"十字路口"。在这一紧要关头,邓小平以 88 岁的高龄视察了武汉、深圳、珠海、上海等地,发表了著名的"南方谈话",平息了社会上激烈的姓"资"姓"社"争论。可以说邓小平在重要历史关头将中国的改革向前推了关键一把,做出了继续推进改革开放的重大政治判断。

在改革处于探索期这一阶段,我国不仅启动了经济体制改革,而且在政治、文化、教育和科技等领域都启动了改革。在政治领域上,1980 年邓小平

作了《党和国家领导制度的改革》谈话;在科教文化等领域,党中央在1985年推出《中共中央关于科学技术体制改革的决定》和《中共中央关于教育体制改革的决定》,又于1986年9月作出了《关于社会主义精神文明建设指导方针》的决定。在这一阶段,党在改革理论上也有所突破:一是提出了社会主义本质论,回答了什么是社会主义和如何建设社会主义的问题;二是作出了我国社会主要矛盾的正确判断,将党和国家的工作中心引向了正轨;三是提出了"建设有中国特色的社会主义"这一重要命题,为改革开放的持续推进提供了正确指引。

二、社会主义改革推进和完善时期(1992年2月—2013年11月)

从1978年到1992年期间的改革,虽然取得了很大成就,但总体来看,仍然是努力在传统的计划经济体制基础上增加市场经济的成分,还没有触及传统经济体制的本质和要害。传统经济体制的基本框架仍然在发挥主要作用,1992年邓小平南方谈话彻底突破了传统体制的束缚,推进中国改革进入新阶段。可以这样概括,邓小平南方谈话的发表,标志着中国改革进入打破传统制度和体制创新阶段。这期间可大致分为两个阶段。

(一)第一阶段是在体制上开创和建立社会主义市场经济体制

这一阶段是从1992年南方谈话开始到2002年党的十六大。在邓小平南方谈话的指导下,1992年党的十四大明确了我国经济体制改革的目标是建立社会主义市场经济体制,清楚地表明计划与市场只是资源配置的手段,与社会基本制度无本质联系。党的十四大指出,市场对资源的配置起基础性作用,初步形成了公有制为主体,个体经济、私营经济、外资经济为补充,多种经济成分共存的社会主义市场经济体制下的所有制结构认识。党的十四大强调,要通过建立现代企业制度、培育市场体系等一系列举措,营造平等竞争的市场环境。经过十余年的经济体制改革探索,1992年我国确立了建立社会主义市场经济体制的改革目标,可以说这是党对社会主义建设认识上的伟大贡献,也标志着我国经济体制改革有了实质性的进展。1993年党的十四届三中全会通过了《中共中央关于建立社会主义市场经济体制若干问题的决定》,这个《决定》从产权制度改革、培育生产要素市场、政府职能转变、收入分配制度改革、建立社会保障制度等方面勾画出了社会主义市场经济体制的基本框架和总体蓝图,是全面推进改革开放的一次"顶层设计"。以这个"顶层设计"为标志,改革开放的探索阶段完成了其历史使命,改革开放即将进入全面推进的新阶段。

受苏联教科书的影响,公有制经济曾被奉为社会主义的标配,致使改革开放后出现的非公有经济长期被称为"其他经济成分",而且只能以"补充"方式存在于基本经济关系中。"名不正,言不顺",长此以往必将不利于改革开放的推进,不能较好发挥市场的作用,不利于调动非公有制经济的生产积极性,非公有制经济还处于一种"尴尬"状态。只有思想再一次解放,解决好非公有制经济"名分"这一问题,才能给予非公有制经济"定力"和"活力"。党的十五大报告第一次明确指出:"公有制为主体、多种所有制经济共同发展的基本经济制度。"[①]这一新的表述,为非公有制经济的发展拓宽了道路,将非公有制经济作为了基本经济制度的组成部分,实质提升了非公有制经济地位,改变了以前将非公有制经济作为一种"经济成分"的"可有可无"的尴尬处境。由此,非公有制经济有了制度"名分",从以前的"有益补充"变为了"社会主义市场经济的重要组成部分",从"制度外"走入了"制度内",进而通过制度的保障获取了与公有经济平等的市场地位。这既是市场发展的内在需要,又是解放思想的重要体现。尤为重要的是,党的十五大报告彻底消除了人们思想上关于姓"资"姓"社"与姓"公"姓"私"的所有制困扰,提出了"公有制实现形式可以而且应当多样化"[②],明确指出"一切反映社会化生产规律的经营方式和组织形式都可以大胆利用","不能笼统地说股份制是

---

① 中共中央文献研究室编:《十五大以来重要文献选编》(上),中央文献出版社,2011年,第16页。
② 同上,第18页。

公有还是私有"①的新论断和新表述,为后续推进混合经济所有制模式改革做铺垫。

随着改革的推进,民营企业的增多,私有经济成分不断增加,社会阶层结构出现了新的变化。在新的形势下,2001年7月,江泽民在庆祝中国共产党成立80周年大会上的讲话,全面阐述了"三个代表"重要思想,对事关党和国家发展的一系列重大改革问题进行了理论创新。"三个代表"重要思想是执政党建设新思路,作出了我国改革开放以来出现的新社会阶层是中国特色社会主义建设者的新论断。

在改革理论创新的同时,我国在对外开放上取得了重大突破,2001年中国成功加入世界贸易组织(WTO)。中国加入世界贸易组织,意味着世界重要经济体对中国经济体制市场化改革的认可,这充分说明中国的经济体制改革是卓有成效的。从另外一个角度讲,加入世界贸易组织融入世界经济体,与世界经济接轨,必然给我国的改革开放注入新的动力。加入世界贸易组织后的中国积极作为,主动检视了大量与外经外贸相关的法律法规,清理了不适宜的章程。特别是在货物贸易领域、服务贸易领域、知识产权领域,我国以认真负责的态度按照相关协议和要求作出了降低关税、放宽服务行业市场开放及构建符合世贸组织要求的知识产权立法。加入世界贸易组织后的中国,在统筹国内国外两个市场两种资源上获得了较好成效,对外贸易长足发展,2004年进出口总额超过1.1万亿美元,跃居为世界第三大贸易国。加入世界贸易组织,使得我国更有效把握住了经济全球化带来的各种机遇,发展与世界各国、地区之间的贸易、投资领域的交流与合作,推动双边与多边的一系列区域经济合作,不断扩大的对外贸易活动促使我国经济发展理念及时更新,进一步促进了市场经济体制建设。

在这一阶段,我国不仅建立起了社会主义市场经济体制,而且还循序渐

---

① 中共中央文献研究室编:《十五大以来重要文献选编》(上),中央文献出版社,2011年,第18、19页。

进推进了政治等领域的改革。1993 年国务院第二次常务会议通过了《国家公务员暂行条例》,1999 年九届全国人大二次会议将依法治国正式写入宪法修正案。除此之外,社会保障制度改革也在加快推进,1998 年国务院颁布了《关于建立城镇职工基本保险制度的决定》,1999 年国务院又发布了《城市居民最低生活保障条例》。站在世纪之交,党的十六大提出了在 21 世纪要全面建设小康社会的奋斗目标,这是对改革开放在 21 世纪头 20 年需要完成任务的重大判断。这一目标的提出势必意味着要加快推进改革开放进程,实现中国特色社会主义经济、政治、文化全面发展。目标是动力和方向,全面建设小康社会的提出,更加明确了改革开放需要完成的任务。正如江泽民在党的十六大报告中提出的"使经济更加发展、民主更加健全、科教更加进步、文化更加繁荣、社会更加和谐、人民生活更加殷实"①。

（二）发展和完善社会主义市场经济体制阶段

这一阶段是从党的十六大后开始到 2013 年党的十八届三中全会前。党的十六大后,改革开放由纵向的经济体制改革,向横向多领域推进,改革开放的全面推进态势已形成。新的要求必然要有新的理论作为指导,党的十六届三中全会通过了《中共中央关于完善社会主义市场经济体制若干问题的决定》,该《决定》的重大贡献就在于完整地表述了科学发展观,使得这一新的思想理论在实践层面上丰富和发展了改革开放内涵,在理论层面上为全面推进改革开放提供了智力支持。

科学发展观提出的是将"以人为本"作为核心思想的发展,实际上再一次明确了改革开放的中心是"人"的发展。围绕人,解决人的发展问题是改革开放的中心任务。2007 年温家宝出访菲律宾时,被问到"中国财政增长这么快,钱怎么花"。温家宝回答:"第一位是改善民生。"②民生涉及老百姓的切

---

① 中共中央文献研究室编:《十六大以来重要文献选编》(上),中央文献出版社,2011 年,第 14 页。

② 邵维正、范继超主编:《改革开放——发展中国特色社会主义的必由之路》,人民出版社,2008 年,第 154 页。

身利益,搞好民生就能获得民心。"以人为本"也就是对民生工作的高度概括,要求改革开放谋发展其目的始终要紧紧围绕解决"民生"问题。党的十六大以来,我国的各项改革加大了惠民举措力度,逐步构建起了庞大的社会保障体系,实施了《最低工资条例》,废止《农业税条例》,取消除烟叶以外的农业特产税、全部免征牧业税,颁布了《国务院关于在全国建立农村最低生活保障制度的通知》,通过了《开展新型农村社会养老保险试点的指导意见》。从2005年起,城市连续5年提高企业退休人员基本养老金,这是改革开放以来城乡居民收入增长最快的时期。[1]　与此同时,国家免除了义务教育阶段学生的所有费用,并且建立了多种奖助贷等助学渠道,实施了新的国家资助家庭经济困难学生政策,从经费上保障了每一个学生都有读书的权利和机会。我国的改革开放,坚持以人为本发展,不断向人民释放改革开放红利。党的十七大继续加大了对民生的关注,提出了构建"努力使全体人民学有所教、劳有所得、病有所医、老有所养、住有所居"[2]的社会主义和谐社会目标。

在21世纪,面对新的国内外形势,改革开放之所以能得以全面推进,是因为党中央对改革开放有了一个重要判断,胡锦涛在党的十七大报告中指出:"改革开放是决定当代中国命运的关键抉择。"[3]这一判断说明了改革开放对当代中国发展的重大意义。不得不承认,随着改革开放的全面推进,利益调整难度加大,各方博弈将更趋激烈,出现了新的问题和新的矛盾。面对困境,不能退缩,只能通过全面推进改革开放才能加以解决。要解决经济体制改革中的问题,离不开政府自身的改革。政府自身的改革成为新世纪改革开放的热点,党的十六届二中全会通过了《关于深化行政管理体制和机构改革的意见》,明确提出了要转变政府职能,要从"全能"变为"有限",改进管理方式和工作作风,要从"管制型"向"服务型"转变。阳光行政才能保障

---

① 参见曹普:《当代中国改革开放史》(下),人民出版社,2016年,第608页。

② 中共中央文献研究室编:《十七大以来重要文献选编》(上),中央文献出版社,2009年,第29页。

③ 同上,第8页。

权力的纯洁性,只有让群众知晓政府的办事程序,才能避免"黑箱操作",2007 年颁布了《中华人民共和国政府信息公开条例》。该《条例》对政府信息公开作了明确规定,使广大群众对政府的职责权限、办事流程、监督方式等信息一目了然,从法治建构上保障了群众的知情权、参与权和监督权。在这一阶段,我国也进一步深化了文化、医疗等体制改革。中共中央、国务院于 2005 年联合发布了《关于深化文化体制改革的若干意见》,又于 2009 年颁布了《关于深化医药卫生体制改革的决定》。

三、社会主义改革深化和拓展期(2013 年 11 月—至今)

党的十八大以来,以习近平同志为核心的党中央高举改革开放旗帜,以更大的勇气和智慧谋划改革,以更大的决心和魄力扩大开放,着力解决我国发展面临的一系列突出矛盾和问题,掀起了新一轮改革开放大潮。特别是党的十八届三中全会以来,中国改革进入了一个新的发展阶段,就是以制度创新为核心的全面深化改革阶段。

改革是被问题倒逼出来的,问题的解决必然要依靠改革。对于改革中碰到的深层次矛盾和问题,只能从战略上和全局上依靠全面深化改革的顶层设计去解决。党的十八届三中全会通过了《中共中央关于全面深化改革若干重大问题的决定》(后面简称为《决定》),《决定》提出了"市场在资源配置中起决定性作用"①。这是一个改革的重大信号,意味着将加大政府改革力度,提高政府的效率和效能,旨在破除发展的体制机制障碍,进一步培育公平竞争的市场环境,目的是不断增强社会个体活力促使经济社会发展。《决定》指出了全面深化改革的重点是经济体制改革,其要义是推进国家治理体系和治理能力的现代化建设,目标是进一步促使中国特色社会主义制度更加完善。《决定》的出台对国家制度建设和党的执政能力建设提出了具

---

① 中共中央文献研究室编:《十八大以来重要文献选编》(上),中央文献出版社,2014 年,第513 页。

体要求,政府改革有了切实可行的方针遵循,应该说这种改革目标是与市场对资源配置起决定性作用相对应的。这个《决定》的发表,表明中国改革进入了一个新的发展阶段:即以制度建设为核心的全面深化改革阶段,标志着中国新一轮改革的正式启动。

为保障全面深化改革顺利推进,2013 年 12 月,中共中央政治局会议决定,成立中央全面深化改革领导小组。中央全面深化改革领导小组负责改革的总体设计、统筹协调、整体推进、督促落实,主要职责是研究确定经济体制、政治体制、文化体制、社会体制、生态文明体制和党的建设制度等方面改革的重大原则、方针政策、总体方案;统一部署全国性重大改革;统筹协调处理全局性、长远性、跨地区跨部门的重大改革问题;指导、推动、督促中央有关重大改革政策措施的组织落实。中央全面深化改革领导小组的成立,标志着新一轮改革全面启动。2018 年,中央全面深化改革领导小组升级为中央全面深化改革领导委员会。6 年来,在习近平总书记的领导下,中央全面深化改革领导小组审议通过了一大批重大改革方案,中央层面陆续推出多项改革举措,改革涉及范围之广、触动利益之深、推进力度之大。经过努力,主要领域改革主体框架基本确立,重要领域和关键环节改革取得突破性进展。

在推进改革具体举措上,2013 年,党的十八届二中全会通过了《国务院机构改革和职能转变方案》。2014 年 6 月,中共中央政治局和中央全面深化改革领导小组分别召开会议,会议审议通过了《深化财税体制改革总体方案》《关于进一步推进户籍制度改革的意见》和《党的纪律检查体制改革实施方案》,审议通过了《关于司法体制改革试点若干问题的框架意见》,并决定司法体制改革在上海先行试点。2014 年 10 月,党的十八届四中全会通过了《中共中央关于全面推进依法治国若干重大问题的决定》,进行了全面推进依法治国的顶层设计。这个《决定》把全面推进依法治国,建设中国特色社会主义法治体系,建设社会主义法治国家上升到国家战略的高度,明确了依法治国的重大任务。为应对新的反腐形势需要,2014 年习近平在党的群众路线教育实践活动总结中提出"全面推进从严治党"。"四个全面"战略布局由此形成。为适应新的发展需要,2015年10月,党的十八届五中全会创造性提出了"五大发展理念",旨在破除发展瓶颈,转变发展模式。

党的十九大提出了习近平新时代中国特色社会主义思想,确立了新时代坚持和发展中国特色社会主义的基本方略,进一步布局全面深化改革。在2017年11月20日召开的十九届中央全面深化改革领导小组第一次会议上,审议通过了包括《关于贯彻落实党的十九大精神,坚定不移将改革推向深入的工作意见》等在内的17份文件,其中6份文件涉及进一步推进全面深化改革问题。这意味着,全面深化改革已是我们完成新时代历史使命的重要方法和具体内容。

深化改革必然要扩大开放,只有扩大开放才能为深化改革提供持久动力。2013年习近平主席在访问哈萨克斯坦和印度尼西亚期间,提出了"一带一路"的宏伟构想,即共建丝绸之路经济带和21世纪海上丝绸之路倡议。"一带一路"起源于中国,贯通中亚、东南亚、南亚、西亚及欧洲部分区域,其沿线大多是新兴经济体和发展中国家,而且与我国经贸密切,其中不少沿线国家是我国的最大贸易伙伴、最大出口市场和主要投资来源地。"一带一路"建设为我国对外发展提供了巨大的平台,"一带一路"不是一个区域性经济组织体,没有规则限制,只秉承包容互惠原则,不搞封闭排外,不限国别范围,不控制他国经济命脉,也不改变他国政治目的,开放性和包容性是其显著特点,其目标是着力打造利益共同体和命运共同体。"一带一路"建设,实质上也契合了沿线国家的共同需求,促进了互补互利互惠的外贸新格局形成;改变了我国对外开放的"东快西慢、海强陆弱"格局,加快形成了海陆统筹、东西互济、面向全球全方位开放新格局。为支持"一带一路"建设,由中国发起成立亚洲基础设施投资银行(亚投行),该银行是政府间多边开发银行,主要目的在于深化区域合作,促进亚洲地区基础设施建设和互联互通,实现共同发展。

这个阶段改革的突出特点有三个:一是突出制度创新,规范制度建设;

二是对改革方位、性质及意义的认识更加深入;三是提出了一系列新思路、新观念、新举措。这些改革新举措几乎涉及社会生活的所有领域,尤其是提出把完善中国特色社会主义制度和实现国家治理现代化作为改革的目标,这表明中国改革进入了一个新的发展阶段。

从对改革开放四十多年历程三个阶段的简要回顾中,可以得知,第一阶段主要在于探索市场经济、建设有计划的商品经济体制,试水经济体制改革,改革还是卓有成效的,解决了人民的温饱问题。第二阶段主要是确立建设社会主义市场经济体制,也就是全面推进经济体制改革,这一阶段改革成效显著,经济发展突飞猛进,但法治建设相对滞后,另外又受国内外多种因素的影响,改革开放走到了又一个十字路口。中国共产党在艰难的境遇中稳定了局面,推动改革开放进入新阶段。第三阶段是全面深化改革阶段,提出了市场对资源配置起决定性作用,其核心就是推进国家治理体系和治理能力现代化建设,重点在于政府转型,建设法治政府和服务型政府,其目的在于监督权力,管控权力,防止权力滥用,搞好市场环境建设,服务好市场运行。

改革开放既是党领导的一场新的伟大革命,也是社会主义制度的自我完善和发展。通过这场伟大革命,中华民族大踏步地赶上了时代潮流,社会主义中国走在了时代前列,我们党成为时代先锋。回顾四十多年改革开放的发展历程,总结四十多年改革开放的理论和实践创新,对于我们在新的历史起点上继续推进改革开放,发展中国特色社会主义,有着重大现实意义和深远历史意义。中国社会主义改革的历史进程和伟大实践深刻表明,改革开放是决定当代中国命运的关键抉择。

第三章

中国社会主义改革的理论创新

理论是实践的指南,正确的理论有利于推进实践的发展。改革开放四十多年,硕果累累、历程辉煌,这主要得益于我国坚持对社会主义改革进行理论创新,即对改革的方向、实质、目的、策略有科学的认识和把握。我国社会主义改革的理论创新主要回答了社会主义改革要改什么和怎么改的问题,从而避免了改革的盲目和失策。正是得益于我们党对社会主义改革理论的不断创新,中国社会主义改革的实践才能既坚持正确方向又能赶上时代步伐,使得中国特色社会主义事业取得巨大成就。

第一节　改革的方向是完善社会主义制度

方向决定道路,道路决定命运。在改革方向问题上,我们必须有清醒的认识。习近平指出:"我们的方向就是不断推动社会主义制度自我完善和发展,而不是对社会主义制度改弦易张。"①这就明确了中国的改革必须坚持社会主义方向,保证改革的社会主义性质,只有这样才能夯实改革的社会主义

---

①　中共中央文献研究室编:《习近平关于全面深化改革论述摘编》,中央文献出版社,2014年,第15页。

根基,更加坚定人们走社会主义道路的信心和决心。

一、建立社会主义制度是人类社会的夙愿

社会主义社会是人类社会发展的高级阶段,它的建立是人类社会的进步体现。社会主义制度的建立则是人类社会文明进步在实践中的具体体现。人对自身解放和自由的追求是人的本质不断完善和人性不断发展的要求。马克思认为,人的全面发展就是"人以一种全面的方式,就是说,作为一个完整的人,占有自己的全面的本质"①。未来的理想社会是人的自由全面发展的社会。马克思、恩格斯设想未来的理想社会是经济的平等、阶级的消失、人与物对立的解除的社会。与此相对应,这样的社会必然建立的是人与自然相和谐、人与社会相和谐、人与人相和谐的制度。马克思、恩格斯认为,这种和谐制度本质上是要实现人的自由自觉活动,促使人的"自由发展"与"全面发展"相统一。人在追求全面发展的同时,也在发现社会发展规律,并根据这些规律改造社会、完善自我。人对实现自由自觉活动本质的追求,是人类社会发展的动力之一。人在追求实现自我本质的过程中,不断建立起更高级的人类社会,推动了人类社会历史形态的演进更替。《共产党宣言》指出:"代替那存在着阶级和阶级对立的资产阶级旧社会的,将是这样一个联合体,在那里,每个人的自由发展是一切人的自由发展的条件。"②马克思在《资本论》中指出,这个"自由人联合体"是比以往所有阶级社会"更高级的、以每一个个人的全面而自由的发展为基本原则的社会形式"③。由此可见,马克思、恩格斯所设想的未来理想社会是实现人的自由全面发展的社会,在这样的社会里人的本质得到真正实现。因此,未来社会的和谐制度是凸显和保障人自由全面发展的制度,是人类社会千百年来所追求的夙愿,这一理想制度就是社会主义制度。

---

① 《马克思恩格斯文集》(第一卷),人民出版社,2009年,第189页。
② 《马克思恩格斯选集》(第一卷),人民出版社,2012年,第422页。
③ 《马克思恩格斯文集》(第五卷),人民出版社,2009年,第683页。

二、社会主义制度在实践中需要进一步完善

未来的社会主义具体是什么样,马克思、恩格斯并未给予细致描述。恩格斯曾说:"关于未来社会组织方面的详细情况的预定看法吗? 您在我们这里连它们的影子也找不到。"①虽然没有什么具体的描述,但马克思在《哥达纲领批判》中有这样一个框架性的逻辑推断:用生产资料公有制取代生产资料私有制;用按劳分配取代按资分配;用自觉计划的产品经济取代市场自发的商品经济。简言之,也就是无商品、无货币、无市场的"三无社会"②。

马克思对这个"三无社会"的推断主要基于两个认识:一是矛盾推动论。资本主义的生产资料私有制与生产社会化要求之间的矛盾已愈加不可调和,生产力的发展必然要求生产资料的社会化。在这一矛盾的不断推动下,生产资料从私有变为社会所有,推动生产资料所有制从私人所有向社会化所有发展,推动社会利益的分化趋势向整体利益一致化靠拢。在这一发展趋势下,"三无社会"必然取代"三有社会",也就实现了社会成员经济地位的平等,按劳分配也就必然取代按资分配。二是人性自我复归的需要。虽然资本主义在不到四百年的发展历程中创造出的生产力已极大地改变了人类社会的状态,在一些国家中实现了现代化,人的自由程度也是人类社会发展进程中的较高程度。但这并不是人的自由的全部体现,资本主义经济实际上是一种异化经济,用资本这种物的形式将人束缚了,"拜物教"成了资本主义社会的唯一信仰。要想使人摆脱资本的奴役,成为真正自由的人,就必须"剥夺剥削者",将生产资料社会化,在这基础上用有计划的产品经济取代以市场自发调节的商品经济,商品和货币的流通也就随之消失。这样一个无商品、无货币、无市场的"三无社会"也就消除了人与物的对立,社会也就从"物本"变为了"人本",人的自由自觉活动才得以真正实现。

---

① 《马克思恩格斯文集》(第四卷),人民出版社,2009 年,第 561~562 页。
② 姜中才:《中国道路与第三条道路——比较与反思》,辽宁教育出版社,2016 年,第 15 页。

事实上,未来的理想社会与现实中的社会主义是有较大差距的,这就注定了现实中的社会主义必须与时俱进地发展与完善,建立与各国国情和各国社会主义发展实际相一致的社会主义制度。马克思、恩格斯关于未来理想社会的设立有一个基本前提,那就是资本主义生产力已高度发达,发达到脑力劳动与体力劳动的对立已消失;生产社会化已经高度发达,发达到跨区域跨国家的世界性大生产超越资本主义私有所能驾驭的程度,也就是私有制的外壳再也容纳不下其生产力内核了。

马克思在《〈政治经济学批判〉序言》中提出了"两个决不会"判断,也就是说明了这样一个简单的道理:生产关系要与生产力相适应,高级的生产关系及社会形态在生产力还没达到一定程度时是不会出现的。在社会主义建设上,列宁面对的俄国,毛泽东面对的中国,这两个国家的社会主义建设实际显然与马克思、恩格斯早期的社会主义建设构想不相符合。但是在社会主义建设早期,社会主义建设者们忽略了社会主义理论与各国现实的差距,在社会主义制度建设中,大多数选择了建立比较高级的制度形式,将马克思设想的社会主义制度教义化了,搞"一大二公三纯"的经典社会主义模式,结果是这种较高级的社会主义制度形式反而束缚了本国生产力的发展,正如邓小平指出:"旧的那一套经过几十年的实践证明是不成功的。"①社会主义制度是人类历史上的新生事物,这一新生制度在古老的中国大地上已扎根并展现出优越性,但它还不够成熟、还不够完善。江泽民指出:"只有通过改革,社会主义制度的优越性才能更加充分地发挥出来。"②事实上,面对落后的社会生产力现状,只有进行深化改革,不断完善社会主义制度以适应生产力发展的要求才是唯一出路。

总而言之,根据马克思主义基本理论和世界社会主义的发展状况,社会主义制度需要在实践中不断完善的原因主要包括:

---

① 《邓小平文选》(第三卷),人民出版社,1993 年,第 237 页。
② 《江泽民文选》(第一卷),人民出版社,2006 年,第 162 页。

第一，现实社会主义制度与理想社会主义制度之间存在反差。无论是列宁缔造的世界上第一个社会主义国家苏俄（1922年后为苏联），还是包括中国在内的世界上绝大多数社会主义国家，都不具备马克思、恩格斯所设想的建立社会主义制度的前提和基础——生产力高度发展，反而都是在经济文化落后的基础上，通过先革命后发展的方式建立了社会主义制度。这种社会主义制度起点低、基础弱、底子薄，与马克思设想的理想社会主义制度之间存在反差。现实社会主义制度需要通过改革，大力发展生产力为其提供发挥制度优势的基础，逐步走向理想的社会主义社会。

第二，苏联模式的社会主义制度与各民族国家的国情之间存在反差。苏联作为世界上第一个社会主义国家，在建立和发展社会主义制度方面做出了重要贡献，但是由于多种因素的影响，苏联的社会主义制度演变为一种高度集中僵化的体制，到了后期不但没有成为推动社会主义发展的动力，反而成为阻碍其国家社会发展的机制。由于苏联在社会主义阵营的巨大影响力，使得大多数社会主义国家在建立之初，在制度建设上大多数选择了学习苏联模式，这种制度在早期对各社会主义国家的发展起到了一定的推动作用，随着时间的推移，苏联模式的社会主义制度自身体制僵化的弊端逐渐凸显，不符合各国国情的弊端亦逐渐显现。各个社会主义国家需要通过改革，探索出一条较为完善的并且符合本国国情的发展道路，建立一套符合本国实际的制度体制。

第三，现实社会主义制度发挥优势的需要。各国的社会主义制度建立后，随着实践的不断发展，国情的不断变化，需要通过改革不断调整和完善制度体制，使其更加符合本国国情的要求，展现各国社会主义制度的优越性。

三、只有通过改革才能完善与发展社会主义制度

中国社会主义改革在坚持社会主义基本制度的基础上，对体制机制大胆改革，使社会主义制度不断适应实践的发展。在我国社会主义改革初期，

党改革了计划经济体制,建立了社会主义市场经济体制,明确了社会主义基本经济制度是以公有制为主体,多种所有制经济共同发展的制度,确定了"两个毫不动摇"发展政策,提出了要完善按劳分配为主多种分配方式并存的分配方式,逐步推进政治体制改革和社会保障体系改革等多方面的体制改革。应该说,这一时期改革呈现出良好势头,社会发展成效显著,中国成功加入世界贸易组织,实现了与国际发展接轨。进入21世纪,根据时代要求和实践变化,胡锦涛在庆祝中国共产党成立90周年讲话中首次提出了"中国特色社会主义制度"①,并指出这一制度"集中体现了中国特色社会主义的特点和优势"②。这一制度的形成既是对以前不断完善社会主义制度历程的总结,也为今后发展社会主义制度明确了方向,体现了党对完善社会主义制度这一历史任务在理论认识上的深化。中国特色社会主义制度这一命题的提出更是对社会主义改革的一种法理性认识,势必为社会主义改革提供更为明确的制度指引和有效的制度保障,使改革更加深入地持续推进。

中国的改革实践证明,只有大胆破除体制机制弊端,不断完善和发展中国特色社会主义制度,社会主义才能发挥出其优越性。在中国特色社会主义制度指引下,我国生产力得到不断解放和发展,经济总量已稳居世界第二,社会生产总体实力已处于世界先进水平,人民生活水平、社会保障水平、居民收入水平已得到极大改善和提高,社会法治公平正义得到进一步彰显和实现,国家整体实力、国际影响力和竞争力得到持续增强。由此可见,通过改革建立起来的中国特色社会主义制度是符合我国国情、顺应人民需要、保障我国实现中华民族伟大复兴的根本制度。

中国特色社会主义制度在实践中显示出了巨大优越性,但我们也决不能掉以轻心,随着社会的发展和改革的推进,中国特色社会主义制度还需要进一步完善。党的十八大提出了"五位一体"的中国特色社会主义事业总布

---

① 中共中央文献研究室编:《十七大以来重要文献选编》(下),中央文献出版社,2013 年,第435 页。

② 同上,第436 页。

局,这意味着中国的经济、政治、文化、社会和生态文明等制度和体制已经有了相当高的发展程度,但是仍然需要通过全面深化改革,不断完善和提升。党的十八届三中全会作出了全面深化改革的战略部署。在新的改革实践下,必然要推进国家治理体系和治理能力现代化建设,解决发展中的深层次问题,这是完善中国特色社会主义制度题中应有之义,也是将制度优势转化为管理国家效能的重要举措。在中国特色社会主义新时代,推进制度创新必须坚持一切从实际出发,顺应历史发展、把握时代主题,满足人民对美好生活的向往,进一步落实和完善中国特色社会主义"五位一体"总体布局。此外,制度创新必须构建科学规范、运行有效、系统完善的制度体系,才能使各方面制度更加成熟可靠、举措有力。只有进行制度创新,才能为开拓中国特色社会主义事业提供更为广阔的发展前景和切实有效的制度保障。毫无疑问,进一步完善与发展中国特色社会主义制度是决定改革成败、国家长治久安、人民福祉的关键。正如习近平所指出:"要不断革除体制机制弊端,让中国特色社会主义制度成熟而持久。"①

因此,全面深化改革,完善和发展中国特色社会主义制度,还应做好以下三点:

首先,与时俱进发展马克思主义。马克思主义是社会主义制度的灵魂,决定了制度的性质和前途方向,坚定的坚持马克思主义也就决定了我国制度的社会主义性质始终保持不变。但马克思主义绝非僵化的教条主义,实践证明只有与时俱进地发展马克思主义,才能更好地指导中国特色社会主义制度的完善和发展。与时俱进发展马克思主义也就是让马克思主义具有民族特色、时代特征和大众气息,做到既符合国情特点,又回应了时代之问,还满足了人民大众的需要。在这样的科学理论指导下,中国特色社会主义制度才能始终姓社,并永葆生机,紧随实践不断得到丰富和完善。

其次,要紧随实践发展中国特色社会主义制度。实践已证明中国特色

---

① 《习近平谈治国理政》(第二卷),外文出版社,2017年,第344页。

社会主义制度具有巨大优越性,我们具有足够的制度自信底气,但也决不能故步自封。实践在发展,新的实践也需要不断完善的制度进行保驾护航。因而我们要根据新的实践需要,与时俱进地变革制约发挥社会主义制度优越性的体制机制,破除那些不适应经济社会发展的藩篱,构建适应经济社会发展的体制机制,从而使中国特色社会主义制度充满活力,更好地服务中国特色社会主义事业的建设。

最后,要紧跟时代发展中国特色社会主义制度。世界文明的优秀成果没有国界之分,是人类社会共同的宝贵财富。时代在变化,也决定了建设中国特色社会主义制度要吸收外来,借鉴人类有益的优秀文化。但借鉴不等于照搬,也就是说改革绝不是制度的全盘西化、变为资本主义制度,而是在传承社会主义制度优秀基因下,通过借鉴吸收人类文明的优秀成果"以我为主""为我所用"来完善和发展中国特色社会主义制度,进而增强中国特色社会主义制度的优越性。

第二节　改革的实质是解放和发展生产力

党的十四大报告指出,改革——"它的实质和目标,是要从根本上改变束缚我国生产力发展的经济体制,建立充满生机和活力的社会主义新经济体制……以实现中国的社会主义现代化"[①]。这一科学论断指出了改革开放事业,其实质就是要解放和发展生产力。改革实质的确定,有助于深化人们对改革的认识,消除人们心中的顾虑,进而推动改革的顺利进行。

一、解放和发展生产力是社会主义的本质要求

马克思、恩格斯创立的科学社会主义之所以被称为科学的理论,其重要原因就在于他们是以辩证唯物主义和历史唯物主义为分析工具,揭示了社

① 中共中央文献研究室编:《十四大以来重要文献选编》(上),中央文献出版社,2011年,第2页。

会历史发展的客观规律。唯物史观认为,人类社会发展遵循这样一个基本规律:就像资本主义凭借蒸汽机取代了封建主义的手推磨一样,随着资本主义生产力的发展,资本主义迟早会被更高级的生产关系及相应社会形态所取代,这就是社会主义。① 马克思、恩格斯的"两个决不会"判断,从另一个角度也说明了更高级社会形态的出现,必然是由于原有的生产关系外壳包裹不住生产力内核的膨胀了。由此可见,生产力是推动社会发展的根本动力,推动了社会由低级向高级发展,而高级社会之所以高级就在于它能更好地适应生产力的发展需要,更有助于解放和发展生产力。事实而言,资本主义内在的基本矛盾引发的经济危机,再次证明了资本主义生产关系已经阻碍了生产力的进一步发展。社会主义之所以比资本主义优越,其根本原因就在于社会主义能解决资本主义固有的基本矛盾,能更好地解放和发展生产力,适应经济社会发展的需要。马克思、恩格斯曾明确指出,社会主义取代资本主义不是一个国家的社会变更,而将是发生在一切发达资本主义国家里,即"至少在英国、美国、法国、德国同时发生的革命"②。《共产党宣言》明确指出:"联合的行动,至少是各文明国家的联合的行动,是无产阶级获得解放的首要条件之一。"③虽然马克思、恩格斯也曾有过跨越"卡夫丁峡谷"设想,但其更加强调要先占有资本主义制度创造的一切积极成果,即现代生产力。由此可见,社会主义本就是解放和发展生产力的代表。

在我国社会主义建设早期阶段,由于受历史条件和认识水平的限制,我们简单地从生产关系角度认识社会主义本质,更关注社会主义在生产关系上的发展程度,忽视了生产力的发展,以至于经济社会建设发展速度较为低下,人民生活水平无法提高。针对这个情况,邓小平提出解放思想,要求重新认识社会主义。他指出:"经济长期处于停滞状态总不能叫社会主义。人

---

① 参见姜中才:《中国道路与第三道路——比较与反思》,辽宁教育出版社,2016 年,第 10 页。
② 《马克思恩格斯选集》(第一卷),人民出版社,1995 年,第 241 页。
③ 同上,第 291 页。

民生活长期停止在很低的水平总不能叫社会主义。"①邓小平认为社会主义的优越性就在于解放和发展生产力,能提高人民生活水平,他指出:"讲社会主义,首先就要使生产力发展","空讲社会主义不行,人民不相信"。② 生产力推动着社会发展和人类历史演进,正如江泽民所指出:"生产力是最活跃最革命的因素。"③从生产力角度阐释社会主义本质,是中国共产党人在中国社会主义改革进程中对社会主义理论的一个重大贡献。这一理论创新对落后国家进行社会主义建设有着极其重要的借鉴意义和价值启示。正是基于对生产力在国家建设和社会发展中重要作用的正确认识,胡锦涛强调科学发展观的"第一要义是发展"④,也就是说,解放和发展生产力是科学发展观的首要要求。习近平指出:"发展是解决我国一切问题的基础和关键。"⑤社会主义作为一种崭新的社会形态,其发展进程是由生产力和生产关系之间的矛盾决定的。社会主义生产关系必定要适应其生产力发展需要,要根据生产力的变化发展状况及时进行调整,使生产力能在这种生产关系中不断得到解放和发展。这是社会主义存在和发展的基本理论依据,也是社会主义建设和改革中的根本实践遵循。正如习近平所言,这是对"人类社会发展规律的认识"⑥。所以解放和发展生产力是社会主义建设和改革的应有之义。

二、只有解放和发展生产力才能提高人民的幸福感

马克思认为:"追求幸福的欲望是人生来就有的。"⑦人对幸福的追求和

---

① 《邓小平文选》(第二卷),人民出版社,1994年,第312页。

② 同上,第314页。

③ 《江泽民文选》(第三卷),人民出版社,2006年,第273页。

④ 中共中央文献研究室编:《十七大以来重要文献选编》(上),中央文献出版社,2009年,第105页。

⑤ 习近平:《决胜全面建成小康社会 夺取新时代中国特色社会主义伟大胜利——在中国共产党第十九次全国代表大会上的报告》,人民出版社,2017年,第21页。

⑥ 中共中央文献研究室编:《习近平关于社会主义经济建设论述摘编》,中央文献出版社,2017年,第11页。

⑦ 《马克思恩格斯选集》(第四卷),人民出版社,2012年,第244页。

向往,推动了人类社会的发展和进步,可以说人类社会的历史也就是一部人类追求幸福的奋斗史。人的幸福是人的多样性需要的综合体现,人既是自然人又是社会人。作为自然人首先有生存需要,需要进行物质资料生产,这是社会存在的基础和前提;作为社会人有社会需要,需要建立良好的社会关系,也就是实现人与人平等和相互尊重的交往。人的社会需要是建立在生存需要基础上的,和谐社会关系的建立必然应以一定的物质基础为条件,"人们首先必须吃、喝、住、穿,然后才能从事政治、科学、艺术、宗教等等"①。由此可见,人的幸福感首先来自人对物质需要的满足,这种满足必须建立在物质财富的充分积累之上,也就必须靠解放和发展生产力来实现这一目标。在物质资料不断充分发展的基础上,人的交往需要逐渐扩张,自我价值不断实现,幸福感也就逐步增强。由此可见,人的生存需要和社会需要是紧密关联的,随着人的生存需要不断得到满足,人的社会需要也在不断发展,二者交替推进,人的幸福指数也就逐渐增长。纵观人类历史,人对幸福的追求是永无止境的,持久的欲求意味着需要不断的自我超越。人类正是在不断超越自我中获得新的幸福感。应该注意到,面对不断超越的幸福欲求,人类就是持续不断地靠解放和发展生产力实现自我超越,人类的社会历史由此得以不断演进。人类历史证明,解放和发展生产力是推动人类社会历史变迁的重要因素。生产力的发展将会不断推动社会形态的变化,只有在生产力高度发达的基础上,人类社会才能最终取代和消灭资本主义进入社会主义,实现共产主义。

马克思、恩格斯始终高度关注生产力的发展状况对社会发展进程的影响,在创立科学社会主义理论时,就在《共产党宣言》中指出:无产阶级在上升为统治阶级以后,必须"尽可能快地增加生产力的总量"②。毋庸置疑,"人的自由全面发展"和"自由人联合体社会"必将建立在社会生产力高度发达

---

① 《马克思恩格斯选集》(第三卷),人民出版社,2012年,第1002页。
② 《马克思恩格斯文集》(第二卷),人民出版社,2009年,第52页。

基础上。"一定的物质生产力决定了一定的生产关系和其他社会关系,并归根到底决定了在一定生产关系基础之上所形成的政治上层建筑以及其他各种社会意识形态"①。当今世界现有的社会主义国家,无一不是在生产力落后的国情上进行社会主义建设,虽然都走上了社会主义道路但都处于不发达的社会主义阶段,人民生活水平不高。如果不大力发展生产力,人民生活状况得不到有效改善,正如邓小平所说,"革命就是空的"②。只有不断解放和发展生产力,满足人民对美好生活的需要,不断改善人民的生存状况,提高人民的生活水平,增强人民的幸福感,才能让人民群众切身感受到社会主义的优越性,这也正是江泽民所指出的"不断体现社会主义优于资本主义特点"③的现实依托。习近平指出:"没有扎扎实实的发展成果,没有人民生活不断改善……意识形态工作也难以取得好的成效。"④所以"第一要义是发展"⑤,解放和发展生产力,提高人民生活水平,不仅是当前阶段的重点任务,而且也是社会主义长期建设和发展的根本任务。正如胡锦涛所指出,只有不断解放发展生产力,实现科学发展才能为坚持和发展中国特色社会主义打下牢固基础。⑥因此社会主义改革要始终把握住发展生产力这一基本原则,不断提高人民的生活水平,增强人民的幸福感。正如习近平指出:"检验我们一切工作的成效,最终都要看人民是否真正得到了实惠,人民生活是否真正得到了改善。"⑦总而言之,尚处于不发达阶段的社会主义国家,只有通过不断改革创新,大力解放和发展生产力,不断夯实经济基础,提高人民生

---

① 《马克思恩格斯选集》(第一卷),人民出版社,2012 年,第 80 页。

② 《邓小平文选》(第二卷),人民出版社,1994 年,第 231 页。

③ 《江泽民文选》(第三卷),人民出版社,2006 年,第 274 页。

④ 中共中央文献研究室编:《习近平关于社会主义经济建设论述摘编》,中央文献出版社,2017 年,第 5 页。

⑤ 《胡锦涛文选》(第三卷),人民出版社,2016 年,第 2 页。

⑥ 参见中共中央文献研究室编:《十八大以来重要文献选编》(上),中央文献出版社,2014 年,第 7 页。

⑦ 中共中央文献研究室编:《习近平关于社会主义经济建设论述摘编》,中央文献出版社,2017 年,第 19 页。

活水平,满足人民日益增长的美好生活需要,不断增强人民的幸福感,才能让社会主义深入人心。

三、社会主义制度与市场经济体制相结合是解放和发展生产力的伟大创举

中国社会主义改革推进解放和发展生产力的关键举措就在于,改变了计划经济等于社会主义的理念,将市场作为发展经济的手段,不断推进社会主义制度与市场经济体制相结合。正如习近平指出:"社会主义基本制度和市场经济有机结合……是我们党推动解放和发展社会生产力的伟大创举。"①正是得益于这一创新举措,我国经济建设突飞猛进,各方面体制机制不断调整,国家总体实力不断增强,人民生活水平获得了稳步提高,使得改革深入人心。

根据马克思主义经典著作论述,人类社会按历史形态可划分为五大形态(原始社会、奴隶社会、封建社会、资本主义社会和共产主义社会),按经济形态可划分为自然经济、商品经济(市场经济)和产品经济(计划经济)。自然经济对应生产力欠发达的奴隶社会和封建社会,商品经济对应生产力较发达的资本主义社会,产品经济对应生产力高度发达的共产主义社会。因此马克思主义经典作家认为作为共产主义社会第一阶段的社会主义社会是必将代替资本主义社会的。因此在社会主义社会中就不应存在商品和市场,而应该实行产品经济(计划经济)。1875 年,马克思在《哥达纲领批判》中明确指出,社会主义社会是没有商品和市场的,"在一个集体的、以生产资料公有为基础的社会中,生产者不交换自己的产品"②。基于对马克思这一观点的僵化认识,在所谓"正统"马克思主义者那里,就把社会主义与市场经济对立起来,固守"市场经济 = 资本主义,计划经济 = 社会主义"信条,应该

---

① 中共中央文献研究室编:《习近平关于社会主义经济建设论述摘编》,中央文献出版社,2017年,第62页。

② 《马克思恩格斯选集》(第三卷),人民出版社,1995 年,第 303 页。

说这是教条主义的典型体现。以至于西方经济学家萨缪尔森在论述人类社会经济问题时,也指出资本主义是自由企业经济,而社会主义者"对于依赖于自由放任市场经济的利润动机的自由活动表示怀疑。他们坚持引入计划机制来协调不同的部门"①。可见,计划经济才是社会主义的本质特征这一认识在理论界影响深远,这种认识的结果就是导致部分人将市场经济与社会主义制度天然对立。这些认识的共同特点是,只强调了马克思提出的社会主义应该实行计划经济的主张,忽略了马克思主义关于生产力是人类社会发展根本动力的重要观点,也忽略了人类社会发展进步的生产力标准。

中国社会主义改革在认识上的突出成就,就在于走出了有关社会主义与计划经济存在必然联系的"条条框框"的局限,认识到了生产力标准的重大意义,敢于在社会制度与经济体制的关系上进行理论突破。将社会主义制度与市场经济体制进行结合,创新了社会主义建设模式,并取得了社会主义发展的显著成就。以至于越南紧跟其后进行社会主义定向市场经济改革,也取得了较好成效。可以说,中国的社会主义改革在理论上纠正了人们长期以来存在的市场经济与社会主义,计划经济与资本主义之间无法共存的认识误区。

对市场经济具有社会制度属性这一判断提出质疑的第一人毫无疑问是邓小平,1979 年,邓小平在会见外宾时就指出:"说市场经济只存在于资本主义社会,只有资本主义的市场经济,这肯定是不正确的。"②中国的社会主义改革正是沿着市场化方向不断推进,随着市场经济的逐步发展,人民的生活状况在逐步改善。市场化实践虽然取得了初步成效,但在理论认识上还存有一定差距,社会上出现了一些不利于市场化改革的"杂音"。基于这个情况,1990 年,邓小平再次强调,"我们必须从理论上搞懂,资本主义与社会主义的区分不在于是计划还是市场这样的问题","不搞市场,连世界上的信息

---

① ［美］萨缪尔森:《经济学》,高鸿业译,中国经济发展出版社,1992 年,第 673 页。
② 《邓小平文选》(第二卷),人民出版社,1994 年,第 236 页。

都不知道,是自甘落后"①。1992 年,面对东欧剧变对社会主义发展道路带来的巨大挑战,在中国改革面临生死存亡的重要历史关头,邓小平发表了著名的南方谈话,对市场与社会主义的关系做出了更加清晰的表述。南方谈话被誉为中国改革进程中的里程碑,是邓小平在我国社会主义发展的紧要关头将中国向前推了一把,中国的社会主义改革由此驶入了快车道。南方谈话对我国建立社会主义市场经济体制产生了决定性影响。邓小平指出:"计划多一点还是市场多一点,不是社会主义与资本主义的本质区别。……计划和市场都是经济手段。"②而且发出"不改革开放……只能是死路一条"③的振聋发聩之声。不得不说邓小平是改革坚冰的破冰者,在改革的紧要关头,在社会主义与市场经济相对立的普遍认识中,破除了"计划经济 = 社会主义"的迷信,终结了市场化改革是复辟资本主义的认识,打通了社会主义与市场经济的通道。概言之,社会主义市场经济理论的世界意义在于破解了经济文化落后国家搞社会主义建设的世纪难题,解决了资本主义与社会主义在时间上的继起性与空间上的并存性之间的矛盾,回答了"事关人类命运的世界政界尤其是共产党人极为关切的'世界之问'"④。

第三节　改革的目的是实现共同富裕

社会主义作为人类对美好生活的向往,其生命力就在于能消灭剥削,消除人的异化,实现千百年来人类社会所向往的共同富裕。马克思认为:"追求幸福的欲望是人生来就有的,因而应当是一切道德的基础。"⑤人作为一种高级灵长动物,其最大特征就是有追求幸福的欲望,渴望美好的生活。正是

---

① 《邓小平文选》(第三卷),人民出版社,1993 年,第364 页。
② 同上,第373 页。
③ 同上,第370 页。
④ 张澎军:《科学回答人类的"世界之问"——中国特色社会主义的世界性价值》,《思想教育研究》,2013 年第 2 期。
⑤ 《马克思恩格斯选集》(第四卷),人民出版社,2012 年,第244 页。

有了个体对幸福的欲望和追求,才成就了人类的繁荣和发展。人类社会历史进程的实质就是人类前赴后继地追求幸福的过程。而在阶级社会,富裕是少数人的富裕,幸福是少数人的幸福。社会主义社会是人类历史进步与发展的体现,其本质要求是实现共同富裕,这正是人类幸福的体现。由此可见,实现共同富裕不仅体现了社会主义的本质,而且彰显了社会主义的生命力。中国社会主义改革的价值目标如果偏离了共同富裕,必然就会迷失社会主义方向、产生新的阶级进而撕裂社会,从而导致社会对立。如果那样,社会主义改革也就失败了,"如果产生了什么新的资产阶级,那我们就真是走了邪路了"①。

一、共同富裕是人类社会的永恒追寻

共同富裕作为一种社会理想,凝结了人们对美好生活的向往。共同富裕含义丰富,不仅有丰富的物质生活,而且也有公平、正义、平等的价值意蕴。共同富裕可谓是对人类幸福状态的最佳诠释。早在古希腊时期,亚里士多德就说过:"幸福是完善的和自足的,是所有活动的目的。"②人类的历史活动绝大多数是围绕着幸福而展开,马克思曾说:"人们为之奋斗的一切,都同他们的利益有关。"③翻开人类历史,人对物质的追求构成了历史活动的主线索,生产力的发展推动了历史的更替和社会的前进。物质资料生产是人类生存的基础,也是人类各种权利的基本保障,离开物质谈富裕那只是"天方夜谭",所以人类对丰富物质的不断追求过程也就是对富裕状态不断追求的过程。应该看到,人类作为一种社会动物除了对物质有需要和追求之外,更有超越自我、实现自身价值的需要。人类社会的变迁不仅是生产力的发展、物质财富的富足,而且也有对其自身归宿与爱、安全与尊重、平等与自由

---

① 《邓小平文选》(第三卷),人民出版社,1993 年,第 111 页。

② [古希腊]亚里士多德:《尼各马可伦理学》,廖申白译,商务印书馆,2003 年,第 18 页。

③ 罗建文、周建华:《民生幸福——中国特色社会主义的价值追求》,中国人民大学出版社,2017 年,第 57 页。

等权利的追求。人类对物质和权利的追求，以期实现更美好生活的历史动因，用当今的政治视角来审视，可以概括为对民生幸福的价值追求。从这个层面来看人类社会的历史发展进程，就是在追求民生幸福的最大化，其实质是实现人类孜孜不倦为之奋斗的共同富裕。由此可见，人类历史的进步是以改善人民的富裕生活状态为根本标准，好的社会形态必然是以实现人民的富裕生活为根本追求。只有这样，才能表明历史的进步，才能彰显其社会更替的合法性和正当性。实践证明，追求共同富裕始终是人们最关心的问题，是社会存在和发展的根本。无论历史发展遭遇了什么曲折，人们都在努力探索以生活富裕为宗旨的制度设计来寻求更好的发展。从这个意义上看，人类的历史活动也是一部追求共同富裕的历史，不管遇到多大困难，都不能够阻挡人类对共同富裕理想的永恒追求。

对共同富裕的追求，其实质是人在发展中的本质属性的回归。人的全部社会历史活动无不是在追问人的本质属性何在的问题，从"物本"到"人本"的社会发展，经历了一个对人从"片面性"理解到"全方位"理解的过程。物本形态是一种少数人富裕的社会形态，颠倒了社会的本质致使社会扭曲，将人作为手段而非目的。人本形态是一种绝大多数人富裕的共同富裕社会形态，明确了社会发展的目的是"为了人"，追求的是人的全面发展。由此可见，人们对共同富裕的追求是社会发展的最高原则和终极目标。从物质丰富的角度看，生产力的发展是判断人类社会历史发展水平的尺度；从人本身的角度看，共同富裕的实现就是判定一个社会健康与完善的价值标准。因此将经济社会的发展与共同富裕联系在一起，是实现社会历史发展目标的关键所在。可以说，以满足人的需要和实现共同富裕作为衡量社会发展的价值尺度，不仅推动了人类社会在过去的发展，而且还是人类社会在现在和未来的必然选择。总之，人类社会历史发展的脉络表明，社会不断走向共同富裕是必然趋势。追求人的全面发展也就是对共同富裕价值的不断实现，所以实现共同富裕是人类社会亘古不变的追寻。

二、共同富裕是社会主义的应有之义

马克思、恩格斯笔下的未来理想社会,是对资本主义社会的完胜和取代。资本主义社会之所以应该被消灭和埋葬,主要原因在于资本主义私有制是少数人占有生产资料,是以牺牲多数人的利益来满足少数人的欲望的制度,在这个社会中人的自我发展被扭曲了。而社会主义取得胜利的主要原因就在于它所要建立的未来社会是人人共享、均衡受益的社会,这正是共同富裕的体现。马克思、恩格斯认为消灭私有制,实现社会生产资料公有制,就是"将保证满足所有人的需要,将引起新的需要,同时将创造出满足这种新需要的手段"①。马克思在《政治经济学批判》中更是明确指出"生产将以所有的人富裕为目的"②。在对未来理想社会形态的描述上,马克思在《社会主义从空想到科学的发展》中指出,这种社会是"保证一切社会成员有富足的和一天比一天充裕的物质生活"③。共同富裕不仅是实现物质的充足,而且也使人的权利得到了全面保障。应该看到共同富裕不是一个简单的经济学概念,它还具有政治学、人学上的意义和内涵。只有通过政治上的有力保证,人的价值和自由才有可能实现。在马克思、恩格斯看来,生产力的高度发达只是实现共同富裕的必要条件,还不是充分条件。人民群众的自由实现状况"还决定于生产力是否归人民所有"④。正是基于此,《共产党宣言》指出无产阶级的运动是"为绝大多数人谋利益的独立的运动"⑤。由此可见,未来的理想社会是共同富裕的社会,实现的是人的全面发展,契合了人对美好生活的向往与追求,从而也就激励了人类一代又一代前赴后继为之不懈奋斗。正因为这一点,实现共同富裕成为中国推进社会主义改革的奋

---

① 《马克思恩格斯文集》(第一卷),人民出版社,2009 年,第 688 页。
② 《马克思恩格斯文集》(第八卷),人民出版社,2009 年,第 200 页。
③ 《马克思恩格斯文集》(第三卷),人民出版社,2009 年,第 563 页。
④ 《马克思恩格斯文集》(第二卷),人民出版社,2009 年,第 689 页。
⑤ 同上,第 42 页。

斗目标。

在中国的改革进程中,我们对共同富裕应进行全面认识:

第一,共同富裕绝不是均富。庸俗的均富是对共同富裕的扭曲认识,其实质是平均主义思想作祟。事实证明,搞平均主义只能带来贫穷,社会生产力发展不足将导致经济落后,以致多数人权益无法得到实现,社会矛盾必然尖锐化。没有社会生产力的发展,没有社会物质财富的增长和人民生活水平的提高,社会得不到全面进步,也就谈不上社会成员的共同富裕。平均主义是乌托邦思想的反映,是生产力水平低下的小农经济思想。社会财富不多才会有平均社会财富,反对任何差别存在。在社会主义建设时期,"平均主义倾向损害经济效益,压抑劳动者的积极性,可能促使某些人产生对公有制的离心倾向,甚至会刺激某些人采取不正当手段谋取私利的欲望"[1]。由于小农经济的长期存在,平均主义观念和倾向难以短时根除,以至于我国社会主义建设早期搞"大锅饭",干多干少干好干坏都一个样,社会生产的实际就是共同落后、共同贫穷。中国的改革开放不仅打破了平均主义,而且对共同富裕形成了正确的认识。在党的十二届三中全会通过的《中共中央关于经济体制改革的决定》中明确指出:"共同富裕决不等于也不可能是完全平均,决不等于也不可能是所有社会成员在同一时间以同等速度富裕起来。"[2]

第二,共同富裕不是同步富裕,也不可能是同时富裕。正如邓小平所指出:"我们允许一些地区、一些人先富起来,是为了最终达到共同富裕,所以要防止两极分化。这就叫社会主义。"[3]这说明,在实现共同富裕的过程中,一定会有先富和后富的情况,承认这种客观现实,才能在改革中进行更为有效的制度设计,为实现共同富裕的目标打下坚实基础。在此基础上,要坚决防止只有先富没能后富的情况,但如果只有先富,先富不能带动后富,必然

①　《江泽民文选》(第一卷),人民出版社,2006年,第50页。
②　中共中央文献研究室编:《十二大以来重要文献选编》(中),中央文献出版社,2011年,第64页。
③　《邓小平文选》(第三卷),人民出版社,1993年,第195页。

会形成两极分化，就偏离社会主义方向。因此允许先富的主要原因在于要先富带动后富，其目的是最终实现共同富裕。

第三，如何避免资本与共富之间的矛盾问题，马克思在《资本论》中已深刻揭示了资本产生的矛盾乱象，比如导致严重的两极分化问题。要解决在社会主义改革进程中，如何避免资本与共富之间的矛盾问题，就必须要搞清实现共富与资本的"剩余价值"的内在关系。

随着生产要素的市场化改革，资本要素不可避免地出现在中国社会的众多领域中。有资本，就必然存在剩余价值。但关键是，如何利用资本产生的剩余价值来实现社会共同富裕的目标，不能简单地以"谁劳谁得"进行回答，谁劳谁得思想只是简单条件下的生产模式。在当前分工复杂的社会生产模式下，如果一次性地没收资本所有者的一切财产，排除一切劳动力之外的生产要素对剩余价值进行分配，让劳动者直接占有全部劳动价值。这种简单消灭"剩余价值"的做法，看似是追求共富，但其实是均富思想在作祟。这正是《共产党宣言》中所指出的"批判的空想的社会主义"①。因为这种观念一旦实施，必然会阻断生产要素的市场化配置，也会切断剩余价值投入扩大再生产领域的动力机制，进而使社会生产空转，社会发展必将处于停滞状态。这是"对整个文化和文明的世界的抽象否定，向贫穷的、需求不高的人——他不仅没有超越私有财产的水平，甚至从来没有达到私有财产的水平——的非自然的简单状态的倒退"②。在现代化大生产条件下，分工日益复杂紧密，任何一件劳动产品都是社会各生产要素整体协作的产物，资本要素在社会生产中发挥着重要作用，个人在其中的劳动价值很重要但绝不是全部。因此消灭资本和"剩余价值"的"公平"分配很难实现，也已失去意义。

只有站在社会生产、消费的全过程中，才能完整准确地理解马克思主义关于剩余价值理论的精髓。因为，如果剩余价值进入了社会再生产和社会

① 《马克思恩格斯文集》(第二卷)，人民出版社，2009年，第64页。
② 《马克思恩格斯文集》(第一卷)，人民出版社，2009年，第184页。

公益事业领域,而且在整体上有利于人民生活,有利于社会发展,那么剩余价值就能看成是"有益"价值,能促使社会实现共同富裕,反而消灭的是剩余价值的"剥削"功能。在这里,我们认为劳动者创造的剩余价值实现了向自身的复归,也就是实现了先富带动后富的目的。所以实现共同富裕是一个过程,是一个由不断消灭剥削,即消灭现存状况走向共同富裕的过程。正如马克思所言:"共产主义对我们来说不是应当确立的状况,不是现实应当与之相适应的理想。我们所称为共产主义的是那种消灭现存状况的现实的运动。"①中国的社会主义改革,通过"三个有利于"标准、"三个代表"思想、"以人为本""以人民为中心"的价值追求,尤其在习近平提出"不断扩大中等收入"群体执政理念指引下,使得参与生产过程的资本所产生的剩余价值正不断通过科学有效的机制循环,实现向社会本身、向广大人民自身利益的回归,富裕的中间阶层已见雏形。所以共同富裕的实质既不是均富,也不是两极分化,而是要通过先富带动后富,不断扩大中等收入群体,"使全体人民朝着共同富裕方向稳步前进"②,最终改变落后的贫穷面貌,形成绝大多数人富裕的"纺锤体"社会结构。

第四节　改革的策略是科学把握变与稳的关系

中国社会主义改革四十多年的辉煌历程,成就显著,社会发展稳中有变,变中有稳,改革行稳致远。改革的本意是兴利除弊以实现经济社会更好的发展。但改革必须要有一个稳定的前提,稳定才能保障改革的顺利推进。习近平在庆祝改革开放 40 周年大会上的讲话中指出:"社会主义改革必须坚持辩证唯物主义和历史唯物主义世界观和方法论,在根本性问题上决不能出现颠覆性错误,要正确处理改革发展稳定的关系。……既鼓励大胆试、

---

① 《马克思恩格斯文集》(第一卷),人民出版社,2009 年,第 539 页。
② 中共中央文献研究室编:《习近平关于社会主义经济建设论述摘编》,中央文献出版社,2017 年,第 25 页。

大胆闯,又坚持实事求是、善作善成,确保了改革开放行稳致远。"①这段论述高屋建瓴,是对改革开放 40 年取得辉煌成就的方法论总结,更透视出在中国改革进程中变与稳的相互关系。"变与稳"貌似一对矛盾,实则为一个有机整体,二者缺一不可,互为影响,在一定范围和条件下可以相互转换。改革实则为求变,社会的陈弊需要通过"变"去处理。变是手段,其目的是为了社会更好地稳定;而稳是变的前提,只要在国家和社会基本要素稳定的基础上,才能更好地追求改革的变。正确认识变与稳的关系,就是要坚持普遍联系、两点论与重点论相统一的观点。这就需要把握好整体与部分、全局与局部的关系,处理好对立与统一之间的关系。只有这样,才能找准它们之间的平衡点,做到"两条腿"走路,改革则行稳致远。

一、变中求稳

"改革开放是决定当代中国命运的关键一招。"②改革是社会发展的动力,只有对不适宜的机制和体制进行改革,才能推动经济社会发展,人民才能安居乐业生活幸福,社会才会稳定。改革开放四十多年最大的成功在于改变了不适宜的计划经济体制,建立了社会主义市场经济体制,实行了公有制为主体、多种所有制经济共同发展的基本经济制度。建立社会主义市场经济体制,不仅使社会充满活力,彰显人民的权利,而且也使得我国与世界接轨,不断参与国际竞争进而提升综合国力。正是得益于经济体制改革的成功,中国的经济实现了近四十年的高速增长,跃居为世界第二大经济体,中国社会也逐步实现了现代化。毫无疑问,改革开放已使中国基本上实现了富起来的目标。改革开放使得社会主要矛盾,已由人民日益增长的物质文化需要同落后的社会生产之间的矛盾转化为人民日益增长的美好生活需要和不平衡不充分的发展之间的矛盾。社会的发展,人民生活的富足,无疑

---

① 习近平:《在庆祝改革开放 40 周年大会上的讲话》,《人民日报》,2018 年 12 月 19 日。
② 中共中央文献研究室编:《习近平关于全面深化改革论述摘编》,中央文献出版社,2014 年,第 3 页。

是社会稳定的最大因素。所以只有改革才能改变"穷则思变"的社会,造就安居乐业的社会,从而实现社会的安稳。从这个角度看,改革"求变"才是稳定的源头。在变中求稳的过程中,应关注以下几点:

首先,求变的目的是为了更好的稳定,只有发展才能保证社会的长治久安。"发展是硬道理",硬就意味着发展是一切工作的中心。邓小平早就说过,"如果在一个很长的历史时期内,社会主义国家生产力发展的速度比资本主义国家慢,还谈什么优越性?"①改革开放的初衷也就是实现"四个现代化",强调要谋发展而且速度要快,改变中国落后贫穷的面貌。党的十一届三中全会开启了"以经济建设为中心"的工作新局面,改革开放的伟大历程由此开始。党的十四届三中全会确立了建立社会主义市场经济体制的改革目标,正是这一改革举措推动中国加入世界贸易组织,完成了与国际市场的接轨,为发展拓展了更大的空间,这也意味着中国的改革由政策的引导向制度的全面建设转变。党的十八届三中全会确立了全面深化改革目标,旨在破除体制机制顽疾,清除发展中的障碍,向"两个一百年"奋斗目标进军。由此可见,谋发展始终贯穿改革开放的进程中,改革每前进一步,发展就上一个台阶,社会也就更加和谐。究其一点,就是社会的稳定需要依靠发展来维持,"离开了生产力的发展、国家的富强、人民生活的改善,革命就是空的"②。发展是国富民强的途径,只有通过发展,人民才能安居乐业,过上富足幸福的生活,人民才会相信党和国家的政策,社会主义优越性才能得到真正地体现,社会才会稳定。

其次,改革不仅要鼓励"大胆试、大胆闯",而且步子一定要稳。中国的社会主义改革采取的"渐进式"的改革方法,其最大的两个特点:一是在时间上,通过认识深化有效解构了人们关于市场、私有制的传统观念,消除了意识形态障碍;二是在空间上,通过以点带面,试点扩张,鼓励人民大胆闯,盘

---

① 《邓小平文选》(第二卷),人民出版社,1994 年,第 128 页。
② 同上,第 231 页。

活全国改革一盘棋,有效维护了社会稳定,避免了社会动荡,降低了社会转型的成本。通过时间上的不断积累和空间上的不断扩展,中国社会主义改革稳步前进,巧妙地将市场经济的优秀基因移植进社会主义制度中,形成了极具生命力的社会主义市场经济体制,进而极大地激发了蕴藏在中国社会中的生机和活力。

最后,中国的社会主义改革不仅提倡解放思想、转变思维,而且提出要凝聚共识形成改革合力。解放思想也是求变,主要在于将人从"本本主义"中解放出来;而凝聚共识主要在于统一思想,让人们的思想有定力,能始终与党中央保持高度一致,这就是求稳。在解放思想,摆脱"本本主义"束缚后,人们对改革中出现的新事物的认识,就可能出现仁者见仁智者见智的状况,如果不统一思想、凝聚共识,解放思想的求变也可能会让社会成为"散沙",极易引起社会动荡不稳,改革的顺利推进也就成为幻想。因此在解放思想消除"本本主义"危害的前提下,还要注意统一思想、凝聚共识。思想的统一,共识的形成,有利于社会稳定。人心齐、泰山移,更有利于推进改革。中国特色社会主义进入新时代,社会主义改革也进入了深水区,正如习近平所指出,"好吃的肉都吃掉了,剩下的都是难啃的硬骨头"[1]。应该看到,随着改革的深入,社会结构有了深刻变革,思想观念发生了深刻变化,利益格局更是盘根交错,加大了凝聚共识推进改革的难度。全面深化改革不仅需要有"明知山有虎,偏向虎山行"的勇气,更要下大功夫去统一思想凝聚共识,形成改革合力,也就是要群策群力,最大限度集中群众智慧,团结一切可以团结的力量,调动一切可以利用的积极因素,汇成推进改革的强大力量,进而确保全面深化改革既稳又快。

二、稳中有变

稳定是改革求变的前提,没有安定的政治局面和稳定的社会大局,求变

---

[1] 中共中央文献研究室编:《习近平关于全面深化改革论述摘编》,中央文献出版社,2014年,第36页。

就会演变成社会动荡甚至有政权颠覆危险,改革和发展就会成为空谈。只有政治安定和社会稳定才能为改革和发展提供良好的环境条件,良好的变化才会有可能实现。在世界各国改革史上,"未稳求变"的教训比比皆是。非洲一些国家正是由于缺乏安稳的政治条件,社会动荡,以至于改革和发展都是空转,贫穷和落后也就成为始终摆脱不了的魔影。稳定保证了社会的正常发展,维护了社会日常运转,只有这样人民的生活才能得到基本保障,这才具有了向更加美好社会变化的基础。

对待稳定,需要辩证地看,稳定绝不意味着一成不变,稳定只是一种动态的平衡,每一个时代都有一个时代的平衡要求,社会只有在改变中才能实现动态的稳定。当旧的平衡不能满足新的时代要求时,只有通过改革主动改变社会状态,才能找到新的动态平衡,实现社会的更加稳定。这就意味着求稳绝不是求不变,而是要用发展的动态眼光去评判。正确面对当前社会存在的不稳因素,不能绕开问题走,要坚持用改革去发展,用发展来维护稳定。求变和求稳也有一个度的约束,这个度就是要求求变和求稳要根据社会的实际情况而动。任意地求变和一味地求稳只是搅局,实现不了社会真正的稳定。在改革开放前,中国的社会主义建设就是没有把握好度,建设举措没能正确反映社会的实际,搞"浮夸风"和"共产风"快速求变。其结果是对社会造成了极大损害,进而使社会陷入了"文革"的动荡深渊中,差点犯颠覆性错误。求变只有拿捏好度,把握好社会的实际,才能破旧立新找到新的动态平衡点,实现社会的真正稳定。在稳中有变的过程中,应把握好以下几方面:

首先,坚持中国社会主义改革的方向和性质。我们应确保这场改革始终是社会主义改革,确保走的道路始终是中国特色社会主义道路。这是我们推进改革的原则,在改革求变中它们是恒定不变的。同时应该看到坚持社会主义并不意味着僵化地对待马克思主义,教条式照搬经典语录,而是在实践中与时俱进发展马克思主义。可以这样认为,社会主义不是一种恒定的范畴,而是一个动态的过程,不断发展的现实既是社会主义建设的依据,也是社会主义得以实现的基础和前提。由此可见，不同的社会现实决定了社会主义建设途径的差异，正如恩格斯指出："所谓'社会主义社会'不是一种一成不变的东西，而应当和任何其他社会制度一样，把它看成是经常变化和改革的社会。"①对比东欧地区社会主义建设遭遇的重大挫折和中国社会主义改革取得的成功，实践已充分证明了僵化、教条式的社会主义模式会使社会主义走向覆灭。而与时俱进将马克思主义普遍真理与本国实际相结合，实现马克思主义本土化、时代化、大众化发展则能保证社会主义走向康庄大道，推进世界社会主义运动走出低谷进而蓬勃发展。由此可见，在我国社会主义改革实践中，坚持稳定与发展相统一，不断深化对马克思主义的认识，体现了稳中求变的哲理。

其次，坚持党的领导是确保中国社会主义改革有稳定大局的"定海神针"。坚持党的领导是社会主义改革的根本。改革是向旧思维、旧势力、利益藩篱的宣战，可谓阻力巨大、任务艰巨。因此，只有坚持党的领导才能确保改革的推进。坚持党的领导，才能为社会主义改革提供坚强的政治领导保障，形成强有力的领导力量，这样就既能强势扫除改革的羁绊，推动改革，又能确保社会的稳定。只有在改革中始终如一地坚持党的领导，才能始终如一地保持改革的社会主义性质，始终如一地保证改革走中国特色社会主义道路。任何弱化和否定党的领导都是危险的，必然会导致社会主义改革变质转向，引发社会动荡危害国家政权稳定，这是最大的不稳。东欧社会主义国家改革失败的重要原因之一就是弱化和否定党的领导，造成社会不稳定，这一点是社会主义国家搞改革必须警惕的教训。

最后，坚持党的领导并不意味着党的自身建设一成不变。大浪淘沙始见金，党只有在实践中不断锤炼自身建设，方能担当历史重任。在新的时期，党面临着"四大危险"和"四大考验"。如何面对新的执政挑战，"打铁还需自身硬"，必然要全面从严治党，强化党的自身建设。实践的发展，必须要

---

① 《马克思恩格斯文集》(第十卷)，人民出版社，2009年，第588页。

求执政党的素质、能力、水平都要有变化,不断适应新的挑战,才能确保党长期执政。所以坚持党的领导还与党的自身建设变化密不可分,强化党的建设也就是要促使党向好的善的方向积极变化。党自身建设的弱化只会带来党的腐化,一个腐化的党是无论如何都不能担当起历史重任的,这样的党必然会遭到历史和人民的抛弃。因此在社会主义改革中,一定要将坚持党的领导与党的全面自身建设相统一起来,二者不可偏废,否则将会使社会主义改革事业折戟沉沙。同时应该看到,坚持党的领导绝非高高在上,而是在对改革进行系统化顶层设计的同时,尊重人民群众的首创精神,践行群众路线,紧密联系群众,时刻与群众在一起,善于听取群众的建言建策,鼓励群众大胆先行先试。只有这样,才能使党在改革中不忘初心,永葆其生命力和战斗力,这也是全面从严治党的应有之义。由此可见,我国在推进改革中求稳并非是一成不变的,而是稳中有变,以稳定来促使更好的变化。

第四章

中国社会主义改革的实践创新

党的十七大报告指出,改革开放近三十年的历史,是一个不断"结合"的历史。这一结合的历史是马克思主义与中国实际相结合的过程,也就是改革的方向、实质、目的和策略在改革实践中的具体实现。只有将理论与实践相结合,我们才能找到矛盾的平衡点,避免发展的片面性,促使矛盾的良性转化,进而确保发展的平稳性。正是基于此要义,中国社会主义改革在实践上的创新可总结为五个结合:坚持党的领导与全面从严治党相结合,解放思想与统一思想相结合,改革、发展与稳定相结合,顶层设计与基层创新相结合,重点推进与全面改革相结合。

第一节 坚持党的领导与全面从严治党相结合

"中国共产党的领导是中国特色社会主义最本质的特征。"①改革开放决不走改旗易帜的邪路,而是社会主义制度的自我完善与发展,改革的方向和性质决定了中国共产党是领导改革开放事业的核心力量。"坚持中国共产

---

① 《习近平谈治国理政》(第二卷),外文出版社,2017年,第18页。

党这一坚强领导核心,是中华民族的命运所系"①。历史和现实告诉我们,正是在中国共产党的领导下,改革开放四十多年才能成功闯过一个又一个险滩,从一个胜利走向又一个胜利。中国共产党之所以能担当起历史重任,这不仅与党的信仰休戚相关,而且与党的自我革命精神也息息相关。党的建设是保证新民主主义革命胜利的"三大法宝"之一,更是改革开放以来新的"伟大工程"。特别是党的十八大以来,以习近平同志为核心的党中央把全面从严治党纳入"四个全面"战略布局,以自我革命的勇气,解决党的领导弱化、党的建设缺失、全面从严治党不力的问题。毫无疑问,坚持党的领导是实现中华民族伟大复兴事业的有力保障,全面从严治党是确保党永葆先进性和战斗力的有力保障,两者相辅相成,确保中国社会主义改革行稳致远。

一、中国共产党是社会主义改革的核心力量

中国的社会主义改革不是改旗易帜,而是完善与发展社会主义制度,是与时俱进推进社会主义建设。社会主义建设必然需要马克思主义政党来推进,而中国共产党以马克思主义为唯一信仰,这就决定了只有中国共产党才能胜任社会主义改革的重任。马克思主义是关于人类解放的学说体系,具有科学性和革命性。以这样的理论为武装的中国共产党必然具有较强的理论优势、组织优势和亲民务实品质,这些宝贵的优点是其他政党无可比拟的。这就决定了只有中国共产党才能担当起改革"啃硬骨头"的历史重担。

(一)马克思主义的革命性和科学性决定了中国共产党具有独特的改革理论优势

马克思主义的革命性决定了中国共产党的全部改革理论彰显了"以人民为中心"的价值观。马克思主义作为"批判的武器"是改变旧中国社会的唯一理论力量。"推翻使人成为被侮辱、被奴役、被遗弃和被蔑视的东西的

---

① 《习近平谈治国理政》(第二卷),外文出版社,2017 年,第 18 页。

一切关系"①是马克思一生所追求的奋斗理想。马克思、恩格斯创立的科学社会主义为世界受压迫的劳动人民找到了改变世界的路径，他们认为历史就是阶级斗争史，社会革命是解决社会矛盾的主要方式，"革命是历史的火车头"②，是"社会进步和政治进步的强大推动力"③。他们认为历史不是"英雄"史，是人民群众的力量所创造，人民才是历史的主体，"历史活动是群众的活动"④。马克思、恩格斯一生都在追求人的解放，他们在《共产党宣言》中断言"资产阶级的灭亡和无产阶级的胜利是同样不可避免的"⑤，充分彰显其理论自信和大无畏的革命情怀，为世界无产者追求自由和解放提供了精神支柱。面对社会现实的残酷，马克思、恩格斯的学说号召人民投身革命勇于变革，"无产者在这个革命中失去的只是锁链。他们获得的将是整个世界"⑥。这一学说为世界无产者提供了精神武器。他们在 1848 年写作的《共产党宣言》里指明了共产党的性质和根本任务，共产党是无产阶级的先锋队，是带领无产阶级革命事业的领导力量和取得胜利的根本保障。《宣言》指出共产党人"没有任何同整个无产阶级的利益不同的利益"⑦，共产党没有自己的利益，共产党以人民利益为利益，这是共产党区别于其他任何政党的一个显著标志。马克思主义的这些理论主张为中国共产党人推进社会主义改革，提供了理论探索和实践创新的勇气。

马克思主义的科学性决定了中国共产党具有高度的理论自觉，善于理论创新，能有效解决中国问题。"马克思的整个世界观不是教义，而是方法"⑧。在马克思主义的科学指导下，中国共产党注重经验总结和理论创新，形成了自身独特的理论优势，不断推进马克思主义中国化。从中国革命到

---

① 《马克思恩格斯文集》（第一卷），人民出版社，2009 年，第 11 页。
② 《马克思恩格斯文集》（第二卷），人民出版社，2009 年，第 161 页。
③ 同上，第 383 页。
④ 《马克思恩格斯文集》（第一卷），人民出版社，2009 年，第 287 页。
⑤ 《马克思恩格斯文集》（第二卷），人民出版社，2009 年，第 43 页。
⑥ 同上，第 41 页。
⑦ 同上，第 44 页。
⑧ 《马克思恩格斯文集》（第十卷），人民出版社，2009 年，第 691 页。

中国社会主义改革的辉煌事业,这一历史发展过程正是中国共产党运用理论创新推进实践发展的奋斗历程。历史和现实证明,中国共产党善于以问题为中心,立足中国实际,注重在实践中凝练理论,用理论推进实践发展,这体现了我们党与时俱进的理论创新品质。这是中国共产党能始终走在时代前列的重要原因所在,也是中国共产党在改革进程中始终具有战斗力和永葆先进性的重要体现。马克思主义的优良理论品质,决定了只有以马克思主义为信仰的中国共产党,才能肩负起通过推进改革振兴中华的历史己任。历史的发展进程证明,中国共产党100年的一切成就,离不开马克思主义的指引。伟大的实践成就证明,科学社会主义在21世纪的中国能焕发出强大生机活力,离不开中国共产党在不断深化改革中对马克思主义信仰的坚守。

(二)科学高效的决策执行机制决定了中国共产党能应对改革中的大事难事

民主集中制最大优势在于避免了分裂和折腾,使全党意志统一,具有高效执行力能集中力量办大事办难事,快速推进国家和社会的发展。对于民主集中制,邓小平认为"这就是民主基础上的集中和集中指导下的民主相结合"①。民主集中制是在保障民主的基础上,实现了意志的集中,是分与和的统一。民主是人类政治文明的象征,是人类社会的必然走向,能集思广益充分征集意见,保障了政党活力和生机;集中是马克思主义政党的品质特征,体现了意志的统一和思想的一致,能形成高度一致的认识,避免了分裂和扯皮,保障了政党纪律性和统一性。毫无疑问,民主集中制这一形式既避免了改革的重大失误,又可以使得改革决策高效。虽然在历史上我们党曾出现过"离开民主讲集中,民主太少"②的不良倾向。但中国共产党具有自我革命品质,注重强化党的自身建设,能主动纠正在实践中的偏差,将民主和集中进行有机结合,加强在决策过程中充分发挥民主,在民主基础上寻求效率,

① 《邓小平文选》(第二卷),人民出版社,1994年,第175页。
② 同上,第144页。

并把这种要求贯穿工作的始终。中国共产党在实践中不断推动民主集中制的具体化、程序化,使得民主集中制更加科学合理有效,其生命力在实践中进一步得到强化。

实践证明,民主集中制不仅防止了国家在政治生活中出现群龙无首、互为扯皮的政治闹剧,而且较好地维护了国家安定团结的政治局面,并能有力冲破阻力推动改革开放。事实说明民主集中制是符合中国国情的运行模式,正是在民主集中制下,中国共产党在重重阻力下推动了改革,并用不到七十年时间,使中华民族迎来了从站起来、富起来到强起来的伟大飞跃。

新加坡学者郑永年指出:"和其他政治体制相比,共产党体制最大一个特点和优点就是其思想共识和动员能力。一旦党内达成共识,就可以动员各方面的力量达到其改革的目标。"①从解放思想破冰启动改革,到突破利益的藩篱深化改革,改革之路崎岖不平。战胜改革困难,突破改革瓶颈,靠的就是党和政府在改革开放上的有力作为,这充分展现出民主集中制所发挥的重大作用。

(三)亲民务实的群众路线决定了中国共产党在改革中具有坚实的执政根基

独特的理论优势和长期的革命实践使中国共产党能根植于人民、服务于人民,善于依靠群众和善于联系群众,这让党拥有了坚实的群众基础。这是中国共产党相对于其他政党无与伦比的优势所在。正如习近平指出:"密切联系群众是我们党的最大优势。"②中国共产党能从弱到强得益于与人民群众的紧密联系。早在新民主主义革命时期,毛泽东和中国共产党就将人民群众为主体的马克思主义历史观运用于党的实践活动中,根据中国文化实际,总结出了朴实无华受亿万老百姓拥护的"一切从群众中来"的群众路线,凝练出了全心全意为人民服务的党的宗旨,使党形成了密切联系群众的

---

① 郑永年:《中国改革路线图》,东方出版社,2016年,第74~75页。
② 中共中央文献研究室编:《十七大以来重要文献选编》(下),中央文献出版社,2013年,第1024~1025页。

优良作风。在这一优良作风下,党形成了"从谏如流"的优良品质,能让人民群众建言建策。这不仅使党获得了人民群众的鼎力支持,而且使我们党得以顺利推进中国的社会主义改革。中国改革的起步正是靠中国共产党从善如流的推动。改革开放是个系统工程,涉及方方面面,牵扯利益较多,在实践过程中,新旧问题交织出现,使其碰到的矛盾多、阻力大。党只有紧紧依靠群众,密切联系群众,靠群众集思广益,坚持以人民为中心,才能形成强大的改革力量有力推动改革开放,从而完成社会主义现代化建设事业。实践证明,作为党传家宝的群众路线,不仅不能丢,而且还应该进一步发扬光大。在党的十三届六中全会通过的《中共中央关于加强党同人民群众联系的决定》中指出:"能否始终保持和发展同人民群众的血肉联系,直接关系到党和国家的盛衰兴亡。"①"血肉联系"是中国共产党对党群关系的深刻而又准确的表述,也正是"血肉联系"的党群关系,使中国共产党集聚了厚实的群众基础,夯实了其执政根基,从而能领导改革和推进改革。

(四)复杂的世情和国情决定了改革必须坚持中国共产党领导

改革开放所处的历史背景是东欧地区社会主义改革遭遇重大挫折,世界社会主义运动跌入历史低谷,大的环境并不有利于中国搞社会主义建设。东欧剧变导致世界上的社会主义国家由原来的 15 个减少到 5 个,世界上除中国以外的各国共产党总人数由 4400 万锐减到 1000 多万,②毫无疑问,世界社会主义运动规模、共产党的数量和政治地位急剧下降,总体力量被严重削弱。发达资本主义国家无论在经济上,还是科技上都处于领先地位,社会主义面临极大压力。"历史终结论"甚嚣尘上,一时大有"山雨欲来风满楼",人们对社会主义的信心大打折扣。冷战的对峙结束,地区冲突却此起彼伏,颜色革命席卷中东地区,加剧了世界动荡。国际上反华势力利用各类途径渗透和破坏,妄图颠覆中国的社会主义政权,制造中国的新殖民时代。近年

---

① 中共中央文献研究室编:《十三大以来重要文献选编》(中),中央文献出版社,2011 年,第928 页。

② 参见刘昀献:《当代社会主义的历史走向》,河南大学出版社,2014 年,第 283 页。

来在世界经济持续低迷下，美国不仅大搞单边主义挑起中美贸易争端，而且打压中国新型科技发展。此外在国内建设上，"台独"不断挑衅"一个中国"原则。受境外民族极端主义和敌对势力蛊惑影响，境内民族分裂势力有明显的抬头趋势。"藏独""疆独"和"港独"与暴力恐怖势力相互勾结，相互利用，制造事端从事各种分裂、渗透和破坏活动，大有唱衰中国之势。面对这样错综复杂的新形势新问题，中国在中国共产党领导下坚定不移地走中国特色社会主义道路，使得中国经济总量稳居世界第二，科学社会主义也在21世纪的中国焕发出新的生机和活力。这一切说明，只有坚持中国共产党的领导，中国才有出路，社会主义才有希望。

二、只有全面从严治党才能确保党堪当改革历史重任

"夺取全面建成小康社会决胜阶段的伟大胜利，关键在党。'打铁还需自身硬'是我们党的庄严承诺，全面从严治党是我们立下的军令状。"①全面从严治党不仅是决定改革开放成败的关键，而且也是决定党和国家生死存亡的利害所在。邓小平早在20世纪50年代就曾讲过："在中国来说，谁有资格犯大错误？就是中国共产党。犯了错误影响也最大。因此，我们党应该特别警惕。"②在新的历史条件下，党所面临的问题和挑战更大，正如邓小平曾指出的发展起来后的问题一点也不比不发展的时候少，而且解决问题的难度更大。党的十八大以来，全面从严治党贵在"全面"，强调全员、全过程和全方位的治党和管党。全面从严治党也就是要坚持党要管党与从严治党相结合，只有这样才能在长期执政中永葆党的生命力和纯洁党的执政力，做到"打铁还需自身硬"，才能发挥好党组织的战斗堡垒作用。

（一）全面从严治党是有力推进社会主义改革事业的根本保证

改革开放四十多年，党的执政环境已然发生了很大变化，党面临的各类

---

① 《习近平谈治国理政》（第二卷），外文出版社，2017年，第161页。
② 《邓小平文选》（第一卷），人民出版社，1994年，第270页。

执政考验也是复杂的和严峻的,"四大危险""四大考验"更加尖锐地摆在全党面前。改革进入深水区,社会主义改革事业处于关键期。全面深化改革,要求破除改革壁垒,打破利益藩篱,改革开放必须攻坚克难。四十多年的改革开放,一方面取得了巨大的成就,但另一方面在一些领域和一些地方,权力被侵蚀,造成一定程度的政治生态恶化,出现塌方式腐败。不清除腐败,改革就会止步。2018 年 1 月 5 日,习近平在中央党校的讲话中明确指出:"只有敢于刀刃向内,敢于刮骨疗伤,敢于壮士断腕,才能防止祸起萧墙,让自身始终过硬,始终成为时代先锋、民族脊梁,始终成为马克思主义执政党。"[①]只有"自我革命"才能从深层次剖析和解决问题,防止全面从严治党流于形式。革命就是不怕流血牺牲,"敢叫日月换新天",这本是党的优秀基因。但在和平建设年代,部分党员革命意识在淡化,一些官员热衷一团和气,导致政治生态恶化。党只有敢于向腐败宣战,不断进行"自我革命"才能净化政治生态环境,才能有力推动全面深化改革。实事求是地讲,在不成熟的法治环境下进行改革开放和市场经济建设,中国共产党作为执政党受到的诱惑和政治风险远高于西方任何政党。和平年代下的长期执政,党最容易丧失的就是革命性意志,其自我革命和自我净化能力的蜕化,也意味着党的变质和党的生命力下降。中国共产党历经 100 年风风雨雨,已与中华民族的前途命运紧紧联系在一起,构成了当代中国最为关键的命运共同体。

党的自身建设是党永葆生命力的保证,关系到党能否长期执政,这更是国家、民族和命运的攸关所在。在新时代,习近平强调:"'打铁还需自身硬'是我们党的庄严承诺,全面从严治党是我们立下的军令状。"[②]全面从严治党提升党的形象、威望和党的战斗力、凝聚力、创造力,只有这样党才能胜任全面深化改革的重任,推动社会主义改革事业向前进。党的十八大以来,以习近平同志为核心的党中央,多管齐下狠抓党风廉政建设,"老虎苍蝇一起

---

① 《一以贯之推进党的建设新的伟大工程》,《人民日报》,2018 年 1 月 7 日。
② 《习近平谈治国理政》(第二卷),外文出版社,2017 年,第 161 页。

打",坚持真管真严、敢管敢严、长管长严,敢于碰硬,推动管党治党全面从严。在新的历史条件下,只有全面从严治党,我们党才能胜任推进全面深化改革和社会转型发展的历史重任。

"治国必先治党,强国必先强党",党的兴衰强盛决定了中国社会主义改革事业的命运,从而也就决定了是否能实现中华民族伟大复兴的中国梦。正如党的十九大报告指出:"只要我们党把自身建设好、建设强,确保党始终同人民想在一起、干在一起,就一定能够引领承载着中国人民伟大梦想的航船破浪前进,胜利驶向光辉的彼岸!"①中国的社会主义改革事业举步维艰,是在一个社会比较落后和法治不健全的条件下,采用"摸着石头过河"的方式进行经济建设。如何应对纷繁复杂的市场经济带来的巨大挑战,这是中国共产党作为执政党必须解决的一个难题。为此在改革开放初期邓小平曾高瞻远瞩地指出了从严管党与从严治党的重要性与紧迫性,他明确指出:"中国要出问题,还是出在共产党内部"②,"说到底,关键是我们共产党内部要搞好"③。"工欲善其事,必先利其器",推进社会主义改革必先治党,治党必须从严,从严治党才能保证党的先进性和纯洁性。党只有具备先进性和纯洁性才能始终走在时代前列,始终保持与人民共呼吸、同命运,才能有力推进社会主义改革事业。正如党的十九大报告指出:"一个政党,一个政权,其前途命运取决于人心向背。人民群众反对什么、痛恨什么,我们就要坚决防范和纠正什么。"④

(二)全面从严治党是新时代改革战略布局的"压舱石"

全面从严治党是新时代改革战略布局的"压舱石"。"四个全面"既有战略目标又有战略举措,目标和举措相辅相成,推动社会主义改革事业。全面

---

①　习近平:《决胜全面建成小康社会　夺取新时代中国特色社会主义伟大胜利——在中国共产党第十九次全国代表大会上的报告》,人民出版社,2017 年,第 69 页。

②　《邓小平文选》(第三卷),人民出版社,1993 年,第 380 页。

③　同上,第 381 页。

④　习近平:《决胜全面建成小康社会　夺取新时代中国特色社会主义伟大胜利——在中国共产党第十九次全国代表大会上的报告》,人民出版社,2017 年,第 61 页。

建成小康社会是我们社会主义改革事业中的一个战略目标,要突破改革发展瓶颈实现这一目标,必然需要依靠全面深化改革、全面依法治国、全面从严治党三大战略举措,所以"四个全面"意义重大而深远。全面建成小康社会,从根本上说是给人民实惠,满足人民对美好生活的向往,是党坚持以人民为中心改革价值观的最好体现。要完成这一目标,全面深化改革是方法,全面依法治国是保障。党领导一切,党是各项事业的领导核心,只有从严管党与治党才能保障党的生命力。所以全面从严治党是新时代改革战略布局的"压舱石",能推进其他三个"全面"的实现。由此,"四个全面"才能在实践中做到既不偏颇又不脱节,共同形成合力推进社会主义改革事业。全面从严治党要求在"全面"。党的建设是个系统工程,涉及方方面面,全面从严治党也就是管党治党要形成立体化、全覆盖的态势。新时代党的建设总要求,涵盖了党的政治建设、思想建设、组织建设、作风建设、纪律建设和制度建设,确保了党建领域不留死角和空白。党建的总要求,各环节相互联动、互相配合、共同推进,才能全面落实从严治党要求。全面从严治党关键在"从严",也就是要以更严的标准、尺度、力量加强管党治党。"中华民族伟大复兴,绝不是轻轻松松、敲锣打鼓就能实现的"①。社会主义改革事业艰巨而繁重,必须"把纪律挺在前面",将严格的纪律要求作为管党治党的标尺和主线,只有这样我们党才能形成强有力的"战斗堡垒",担负起民族复兴的重任。全面从严治党作为新时代发展的战略布局的"压舱石",实际上是提高了对管党与治党问题的重要性、紧迫性和复杂性认识。

全面从严治党的"压舱石"作用,着重体现在以下四个方面:一是管全局。党的十九大报告指出党的建设作为新的伟大工程在"四个伟大"中是起决定性作用的因素,这不仅说明了全面从严治党是"四个全面"战略布局的重要支柱,而且也指明了全面从严治党是管全局、管根本和管长远的事情。

---

① 习近平:《决胜全面建成小康社会 夺取新时代中国特色社会主义伟大胜利——在中国共产党第十九次全国代表大会上的报告》,人民出版社,2017 年,第 15 页。

党的十九大报告指出："推进伟大工程，要结合伟大斗争、伟大事业、伟大梦想的实践来进行"①，这表明全面从严治党不是单一的党建工作，而是要贯通融入社会主义改革的系统工程中，是管全局的工作。

二是抓全面。全面从严治党不仅管党治党要全面，要实现党建管治的全覆盖，还要把思想建党和制度建党相结合，既要解决思想问题，又要做到制度防控，始终紧绷防腐高压线，做到党员干部"不敢腐、不想腐、不能腐"。正如习近平指出："从严治党靠教育，也靠制度，二者一柔一刚，要同向发力、同时发力。"②所以全面从严治党要从党建全过程着手破解长期困扰的问题与难题，只有这样才能从源头上肃清腐败，达到标本兼治改造政治生态的目的。

三是守底线。具体而言就是将规矩和纪律挺在前面，规矩和纪律是所有工作的底线，全面从严治党也就是要求严守规矩和讲纪律，用规矩和纪律来强化党的建设，狠抓党员作风。守规矩、讲纪律是党员的基本要求，全面从严治党要求任何逾规越矩行为都要受到严肃查处，要在管党治党中不断强化党员的规矩意识、纪律意识和底线意识。

四是重治理。全面从严治党，重点在实施，科学的实施才能落实从严治党的要求，和保证从严治党的效果。从严治党的科学实施需要制度和程序的结合，制度是基础，程序是关键。制度制定要有较强的刚性要求，防止出现"牛栏关猫"现象，又要有可操作性，避免出现制度只能停留在纸上。程序设计要正当，程序正当是法治和正义的生命，只有程序正当才能保障制度的有力实施。制度和程序的结合，不仅能达到严把党员干部选拔任用关，而且也能起到治理腐败和治理作风的效用，从而保证全面从严治党从内容和形式上都落到实处。

坚持党的领导，确保了中国改革开放始终沿着正确的道路前行；全面从

---

① 习近平：《决胜全面建成小康社会 夺取新时代中国特色社会主义伟大胜利——在中国共产党第十九次全国代表大会上的报告》，人民出版社，2017年，第17页。

② 姜洁：《从严治党，靠教育也靠制度》，《人民日报》，2014年10月21日。

严治党,确保了中国共产党始终永葆生机和活力。它们二者相辅相成,缺一不可,是改革开放在四十多年风雨兼程历程中能取得重大成就的根本原因。

第二节　解放思想与统一思想相结合

解放思想是打破教条式思维束缚,以实践作为检验真理的唯一标准,要求不唯书、不唯上、只唯实,客观认识事物发展中的矛盾;统一思想是在认识事物本质的基础上形成新的共识,其目的是推动事物的发展。由此可见,解放思想与统一思想是一个过程的两个方面,互为依托、互为支持,共同作用于改革开放全过程。解放思想与统一思想在改革开放进程中,体现为检讨落后的社会发展现实启动改革,再认识社会主义本质推进改革,面对发展中的深层次问题深化改革。这也体现出我们党以问题为导向,即通过对问题的不断认识推进改革,从而推动经济社会发展。

一、检讨落后社会现实启动改革

"文化大革命"后的中国,何去何从? 是因循守旧,还是另辟蹊径? 在"实践是检验真理的唯一标准"下,人们认识到了落后的社会现实与社会主义优越性之间的巨大差距,从而在全党和全国形成了改革开放共识,找到了一条通往中华民族复兴梦的康庄大道。

改革开放前,我国经济社会发展比较落后。在"左"的路线指导下,社会上奉行"斗争哲学"搞以"阶级斗争为中心",经济建设照搬"苏联模式"。以至于"文化大革命"结束时,中国老百姓的温饱问题都基本没有解决,在农村一些地方甚至还处于赤贫。在1978年11月的中央工作会议上,就有党内高级干部谈及了农村的贫困,"现在有1亿多农民口粮在300斤以下,吃不饱,如果不下大决心迅速缓和农民生活的紧张状态,我国整个政治、经济形势就不能摆脱被动局面"。"西北黄土高原,人口2400万,粮食亩产平均只有170斤,有的地方只收三五十斤,口粮在300斤以下的只有45个县,人均年收入在 50 元以下的有 69 个县"。"宁夏西海固地区解放以来人口增长 2 倍,粮食增长不到 1 倍,连简单再生产也有问题"。① 万里在后来回忆中曾说:"农民吃不饱、穿不暖,住的房子不像个房子的样子。淮北、皖东有些农村,门、窗都是泥土坯的,连桌子、凳子都是泥土坯的,找不到一件木器家具,真是家徒四壁呀。"②城市居民生活也不容乐观,职工工资 20 年没有上涨过,居民消费实行票证式供给,生活物品始终短缺,住房也严重紧缺,特别是在知青大返城下,城镇待业青年激增,各种问题堆积而且都具有"爆炸性"。以住房为例,全国职工人均住房面积只有 3.6 平方米,比 1952 年还少 0.9 平方米。③可以说各类民生问题在改革开放初期尤为突出,矛盾特别尖锐。

与此同时,西方发达资本主义国家已进入了福利社会时代,形成了比较完善的社会保险和社会福利制度体系。西方社会的管理人员、律师、工程师、技术员、会计师、教师、医师、商业服务人员等白领人员日益增多,形成了一个富裕阶层,被称为"中间阶层"或"中产阶级"。20 世纪 70 年代,西方发达资本主义国家的社会生活水平已经比较高了,他们不仅在吃的方面不存在食不果腹的问题,而且在用的方面也基本实现了现代化。如电话、彩色电视机、电冰箱和洗衣机已基本实现普及,小汽车也实现了每 2 人一辆的普及率,其他日常生活用品十分充沛,除此之外还有极好的航空、地铁、航海交通服务。在西方经济学中,常用恩格尔系数来衡量社会富裕程度,系数越低说明家庭收入增加,用于事物必需品的开支比例越小,能满足更高程度消费,表明社会富足。据统计,美国的恩格尔系数 1950 年为 30.3%,到 1977 年下降为 21.7%。联邦德国的恩格尔系数 1950 年为 50.4%,到 1980 年下降为 27.3%。法国的恩格尔系数 1950 年为 50.4%,到 1979 年下降为 22%。日

---

① 张湛彬:《大转折的日日夜夜》(上卷),中国经济出版社,1998 年,第 388～389 页,转引自萧冬连:《国步艰难——中国社会主义路径的五次选择》,社会科学出版社,2009 年,第 181～182 页。

② 田纪云:《万里:改革开放的大功臣》,《炎黄春秋》,2006 年第 5 期。

③ 参见萧冬连:《国步艰难——中国社会主义路径的五次选择》,社会科学文献出版社,2009 年,第 182 页。

本战后的 1946 年该系数为 66.4% ,到 1980 年下降为 27.5% 。[①]

在落后的事实面前,我们不得不承认中国已处于世界的边缘,再不改革谋发展就有被开除"球籍"的危险了。一贫如洗的中国和社会主义优越性之间出现了巨大偏差,以至于邓小平发出感叹:"每个人平均六百几十斤粮食,好多人饭都不够吃,二十八年只搞了 2300 万吨钢,能叫社会主义优越性吗?"[②]"实践是检验真理的唯一标准"将人们从教条主义思想中解放出来,使人们的认识回到了实践。安徽省凤阳县小岗村农民自发分田搞生产经营体制变革更是让人们尝到了改革的甜头。平心而论,社会主义制度本身是先进的,事实上出现的偏差主要在于教条化认识社会主义下照搬苏联的僵化体制机制。针对体制机制僵化的问题,邓小平指出:"我们的体制不适应现代化,上层建筑不适应新的要求。"[③]在思想的解放和实践的推动下,特别是在与西方发达资本主义国家的对比下,社会从上至下都有一种另辟蹊径走出新路来的强烈渴望。到 1978 年下半年,变革的节奏更为快速,变革的走向也越发清晰。国务院务虚会、全国计划会议、中央工作会议等重要会议的相继召开,就涉及中国社会主义现代化建设的一系列重大政策和实际问题展开深入讨论,这就表明党和国家最高决策层在进一步累积和凝聚变革的共识。特别是在中央工作会议上,邓小平作了《解放思想,实事求是,团结一致向前看》的报告,这个报告体现了党心和民心在谋发展、求变化上的高度统一。经过这几次会议的持续酝酿和准备,党的十一届三中全会作出了推行改革开放的历史性决策,由此打开了中国发生历史性巨变的战略通道。

二、再认识社会主义本质推进改革

"什么是社会主义?"这个命题是改革开放中的最大理论问题。只有对

---

① 参见陶承德等:《科技革命与战后资本主义社会的新变化》,新华出版社,1998 年,第 156 页。
② 中共中央文献研究室编:《邓小平年谱(1975—1997)》(上),中央文献出版社,2004 年,第277 页。
③ 同上,第 376 页。

这个问题作出符合实际的回答,我们才能从深层次突破改革的思想障碍,形成新的改革共识,即建设社会主义市场经济体制,进而推动改革开放快速发展。

在改革开放初期,对社会主义的教条式错误认识是改革的最大阻力。党的十一届三中全会拉开了社会主义改革序幕,包产到户、个体经济等"刺眼"的私有性质的经济成分相继问世,以致许多人思想上出现怀疑甚至否定改革开放的主张。诸如发生了"陈志雄雇工事件"和"温州八大王事件",也有人提出"三中全会以来的政策是复辟资本主义""辛辛苦苦三十年,一夜回到解放前""什么是解放思想,我看是天下大乱"等舆论逆流。① 在党的十二届三中全会前,有人甚至将商品经济的思想当作精神污染,将出现的个体私有经济当成是资本主义的复辟。实事求是地讲,对改革的不同看法和分歧都来自人们对社会主义的教条式错误认识。新中国成立初期,中国对苏联的学习是全方位的,因此对社会主义的认识是"苏联模式",认为"社会主义=国民经济计划化+集体化+工业化"②。所以,我们在经济上优先发展重工业,在经济体制上实行单一的公有制经济,在政治上搞高度集权的政治社会体制。在学习苏联模式的建设过程中,全党逐渐形成了社会主义就是消灭私有制的社会主义共识。刘少奇在1955年说:"要建成社会主义社会,就要改变资本主义所有制和个体所有制,建立全民所有制和集体所有制。只要我们抓紧了这一点,在这一点上不动摇,那末,我们就基本上没有违背马列主义,就不会犯重大错误。"③在这种思想影响下,纯而又纯的经济体制观点支配了中国后面20多年的制度安排,使中国陷入了片面纯化公有制的陷阱。实践证明,这种观点和制度安排并不利于中国的发展,以致后面出现"大跃进""人民公社化运动"和"文化大革命"的错误。

对社会主义的错误认识,其原因主要是教条化对待了马克思主义。在

---

① 马立诚、凌志军:《交锋——中国三次思想解放实录》,今日中国出版社,1998年,第133页。
② 胡键:《理解中国的改革》,学林出版社,2015年,第24页。
③ 《刘少奇选集》(下),人民出版社,1985年,第177页。

社会主义认识上,马克思、恩格斯确实有过对社会主义基本特征描述,他们认为私有制是"万恶之源","消灭私有制"是《共产党宣言》的核心思想。所以社会主义是社会化大生产,生产资料归社会占有,人们用公共的生产资料进行劳动,并且自觉地将个人劳动作为社会劳动使用,整个社会生产过程是按计划调节进行。因此按照马克思、恩格斯的观点,作为私人劳动的商品和商品生产,随着社会主义社会化大生产的到来,都会随之消亡,商品生产也将不复存在。社会主义社会在马克思主义经典作家那里就是一个没有商品、货币和市场的社会,整个社会关系简单明了,社会共同占有生产资料,商品被产品取代,社会发展处于人的直接控制下。马克思、恩格斯虽然否定了未来社会存在商品货币关系的可能性,但也应该看到马克思、恩格斯的"两个决不会"思想,指出了社会主义社会是建立在高度发达的资本主义社会上。对于落后国家如何进行社会主义建设,其实际情况和具体实践远比马克思、恩格斯的预测要复杂得多,而且马克思、恩格斯等经典作家在社会主义建设上也并没有给予任何具体措施。"用经典社会主义的观点来裁夺现实生活中的种种问题,并按照经典社会主义的模式来规划现实社会主义"①,毫无疑问这是违背了马克思、恩格斯的初衷,阉割了马克思主义的灵魂,必然重蹈教条主义和机械主义覆辙。

推进改革开放亟须重新认识社会主义。实事求是地讲,世界上实践中的社会主义是不合格的社会主义。到底什么是社会主义?邓小平认为,"社会主义究竟是个什么样子,苏联搞了很多年,也并没有完全搞清楚"②。东欧地区社会主义运动的失败和中国社会主义建设早期遭遇的重大挫折,促使以邓小平同志为核心的党的第二代领导集体重新反思"社会主义"命题。然而在改革开放初期,由于思想不够解放,人们对社会主义的正确认识还存有较大误区,导致社会对改革路径选择分歧较大。虽然早在1980年以经济学

---

① 华东师范大学当代中国马克思主义研究中心:《社会主义发展的历史进程研究》,上海人民出版社,2001年,第150页。

② 《邓小平文选》(第三卷),人民出版社,1993年,第139页。

家薛暮桥为代表的学者提出了要改变单一的计划调节模式,自觉运用价值规律,搞发挥市场调节作用的经济体制改革。但是由于在改革实践中出现了一些新问题,如经济过热出现的财政赤字、通货膨胀和经济秩序混乱等问题。社会上有人将这一切归结于市场调节,批评商品经济,认为"在商品经济基础上的计划经营方式","必然会削弱计划经济,削弱社会主义公有制"①。在 20 世纪 90 年代初,理论界围绕市场经济是姓社还是姓资展开了激烈争论。特别是 1989 年严重政治风波后,一些人简单地把市场取向的改革等同于资本主义,认为搞市场化"说到底,一个是取消公有制为主体,实现私有化;一个是取消计划经济,实现市场化";"这就是说,要否定共产党的领导,否定社会主义制度,搞资本主义"②。有人认为市场取向改革导致国家控制力下降,人们过度追逐利益,腐败急剧上升,通货膨胀和政治风波都应归咎于此。在这样的背景下,社会上对改革产生了负面认识,就有声音认为搞市场化改革会导致资本主义复辟。在这种情况下,我们党要推进改革开放必须对社会主义本质作出重新认识,这是改革开放中最大的理论问题。对这个问题的解决,决定了改革开放的前途和命运。

邓小平根据中国和世界其他社会主义国家建设的经验和教训,从中国社会实际出发,提出了对社会主义本质的新认识。邓小平认为社会主义首要的任务是解放和发展生产力,社会主义价值就在于让人民群众过上富裕的生活。邓小平之所以如此重视生产力的发展,主要原因在于他认为社会主义优越性的体现是靠发展生产力提高人民的生活水平,"社会主义时期的主要任务是发展生产力,使社会物质财富不断增长,人民生活一天天好起来"③。对于搞市场化改革是否导致改旗易帜的问题,邓小平明确了计划经济和市场经济只是社会发展的手段问题,并非区别资本主义制度和社会主义制度的标准。基于这样的认识,那么社会主义与资本主义的本质区别在

---

① 胡键:《理解中国的改革》,学林出版社,2015 年,第 26 页。
② 吴敬琏、马国川:《重启改革议程》,生活·读书·新知三联书店,2012 年,第 138 页。
③ 《邓小平文选》(第三卷),人民出版社,1993 年,第 171 页。

哪里？邓小平提出了"共同富裕"的社会主义本质论，认为共同富裕是社会主义优越于资本主义的根本所在，"社会主义最大的优越性就是共同富裕，这是体现社会主义本质的一个东西"①。邓小平对社会主义的认识改变了以前"平均主义""大锅饭"和"宁要社会主义的草，也不要资本主义的苗"的贫穷社会主义认识。同时邓小平反复强调共同富裕，也说明搞社会主义改革必须警惕两极分化，否则将会背离社会主义本质，"如果我们的政策导致两极分化，我们就失败了"②。邓小平对社会主义本质的认识，没有拘泥于马克思主义文本的字面意思，而是体会到了"自由人联合体"的真正意蕴，是将马克思主义普遍真理与中国具体实际情况的一次结合，是解放思想认识社会主义的成功范例。有了对社会主义本质的正确认识，人们才厘清了思想的误区，从而形成正确的改革观。改革是改变不适应生产力发展的生产关系，其目的是实现共同富裕。这些新的思想和新的认识直接推动党的十四大提出建立社会主义市场经济体制改革的目标。改革开放步伐随之提速加快，中国迎来了发展的一个春天。由此可见，正是党对社会主义本质有了正确认识，改革开放才得以推进，这也充分体现了解放思想与统一思想相结合的脉络。

党对社会主义本质有了重新的正确认识后，改革开放推进加速，国内生产总值年均增速远高于同期世界经济年均增速，经济总量突飞猛进跃居世界第二，彻底扭转了贫穷落后的社会面貌。特别是建设社会主义市场经济体制，使得我国经济与世界经济成功接轨，对外开放有了质的提升，中国已成为世界经济中的重要一极。在 2013 年，中国对亚洲经济增长的贡献率超过 50%，对世界经济增长的贡献率达 27.76%。③ 中国特色社会主义道路最大特色也就在于使社会主义与市场经济体制结合了起来，进而使得社会主义风景这边独好，这也是对《历史的终结》的最好终结。

---

① 《邓小平文选》(第三卷)，人民出版社，1993 年，第 364 页。
② 同上，第 111 页。
③ 参见徐斌：《中国改革为什么能成功》，世界图书出版社，2018 年，第 212 页。

三、直面发展中的问题深化改革

在改革开放取得的巨大成就面前，我们党没有盲目自信，而是清醒地认识到发展中的深层次问题，从而吹响了全面深化改革集结号，这也体现了党求真务实的改革态度。经过四十多年的改革开放，我们在经济社会发展上不可避免地碰到了新的问题。在问题面前，党没有被思维的惯性所束缚，而是解放思想认清问题实质，在此基础上全党再次统一思想作出了全面深化改革的决定。

市场化改革在改革推进中再次遭遇社会争议。20世纪90年代，在法治建设相对滞后的情况下，社会上"抓大放小"搞国企改革，一些地方出现了国有资产被贱卖的情况，由此引发了社会对改革的争议。在21世纪初，社会上刮起了一股"郎旋风"，其矛头直指市场化改革。2005年郎咸平在《亚洲周刊》发表的《人吃人的中国亟待和谐化》中更放出了惊人言论，对教育、医疗和国企改革颇有微词。[1] 一些极左人士借个别案件对市场化改革也大放厥词进行指责。[2] 中国社科院前副院长刘吉认为否定改革开放的思潮有三个特点，一是全面否定改革开放以来的重要举措，混淆是非，煽动弱势群体的情绪；二是国内新老左派大联合、国内左派和海外右派大联合，共同否定改革开放；三是某些人以"草根"自居，重点指责"主流经济学家"，企图以此打开突破口，把改革打下去。[3] 刘国光和吴敬琏两位经济学家对于当前出现的权力被腐化和贫富分化等问题，有着不同的解释——刘国光教授认为这与市场经济有关，而吴敬琏教授则认为这是市场发育缓慢造成的。吴敬琏坚持认为权力过度干预经济是腐败之源。[4]

再次引发市场化改革争议的缘由主要是市场与政府定位模糊所引起

---

① 参见马立诚：《交锋三十年》，江苏人民出版社，2008年，第249～253页。
② 同上，第275页。
③ 同上，第249～253页。
④ 同上，第249～260页。

的。市场本质在于逐利,调动着人们对利益的追求和渴望。人们对利益的追求是无可厚非的,但在没有健全法制的保障下必然会无度。少数人利用法治的不完善、不健全,寻租权力获取不当利益,摧毁了市场本应体现的自由、平等价值,致使公众对市场一度产生了怀疑和疑虑。因此,明晰政府与市场的各自方位,厘清政府职能与市场作用是事关市场经济体制改革成败的关键。建设社会主义市场经济体制,政府职能必然要从计划经济体制下的包办一切,统揽一切的全能型政府向有限政府转型。事实上,政府的改革滞后经济发展,政府也存有越位、错位之嫌,在一定程度上干预了市场的运行,以至于权力有被侵蚀的危险。正如党的十八大指出:"一些领域存在道德失范、诚信缺失……一些领域消极腐败现象易发多发,反腐败斗争形势依然严峻。"①反腐败首要的就是管住权力,根本就在于让权力失去滋生腐败的土壤,"把权力关进制度笼子"即要限制权力的活动范围,权力的运行只能在法定范围内。如何才能做到这一点呢? 就是要进一步明晰政府的职能和市场的作用。

在进一步认识市场经济规律的基础上,我们党作出了全面深化改革的决定,将市场对资源配置起基础性作用提升为决定性作用,这是我们党在新时代改革开放下的又一次统一思想。党的十八届三中全会通过了《中共中央关于全面深化改革若干重大问题的决定》(后面简称《决定》),明确提出了经济体制改革是重点,核心是市场对资源配置起决定性作用。要使市场对资源配置起决定性作用,其重要一点就在于要转变政府职能。《决定》提出了建设法治政府和服务型政府的政府改革目标。应该说这不仅是对政府职能和市场作用的新定位,而且是理顺政府与市场关系的关键。只有这样,市场和政府这"两只手"才配合得好,从而能起到 1 + 1 > 2 的整体效能。建设服务型政府和法治政府的目的就在于管控好政府权力,做到简政放权,力转政府职能,进而实现市场对资源配置起决定性作用。在处理政府和市场关系

---

① 中共中央文献研究室编:《十八大以来重要文献选编》(上),中央文献出版社,2014年,第4页。

中,我们一定要注意和把握好政府的自身方位,做到职责要清晰,在法定领域发挥好自身的功能和长处,使之做到不越位、错位和不到位,只有这样才能打造良好的市场环境。由此可见,市场对资源配置起决定性作用关键就是政府的自身改革。政府改革主要在于放权和控权,职能从管理变为服务,其职责主要在于营造更好的市场环境。《决定》的出台是党在新时代对市场规律的一次深化认识,明确了市场对资源配置起决定性作用,这有利于将改革向纵深推进,突破经济社会发展中的障碍,从而迎来经济发展的又一个春天。

改革开放四十多年,从启动改革到推进改革,再到全面深化改革,解放思想与统一思想始终贯穿其中。解放思想使我们摆脱了人云亦云的教条主义思维模式,使人的认识与实际相统一,清楚地知道了当前我们处于什么阶段和所面对的问题实质。统一思想是在正确认识问题实质的基础上,形成了发展的新认识,其目的在于推动实践发展,解决的是人如何进一步实践的问题。从以上分析可以看出,解放思想与统一思想实现了实践与认识相统一,即在正确认识实践的基础上形成新的认识,新认识又进一步推动实践发展,因而历史的发展就在实践与认识的相互作用中得以推进。

第三节　改革、发展与稳定相结合

改革开放四十多年,社会在改革中巨变,在巨变中发展,创下了改革的中国奇迹。改革能在平稳中推进社会发展,其主要原因之一是中国的改革不是"过山车式"的改革,而是将改革、发展与稳定相结合,用改革促发展,用发展保稳定,进而形成了改革的良性循环。具体而言就是坚持党的基本路线不动摇,确保改革环境稳定,采用"渐进增量式"改革增加社会的可接受性,用"三个有利于"标准牵引改革,确保改革顺利前行。

一、坚持党的基本路线不动摇确保稳定

"党的基本路线是国家的生命线、人民群众的幸福线"①。改革开放四十多年,社会稳定,人民安居乐业正是得益于在经济社会发展上我们毫不动摇地坚持党的基本路线。党的十三大正式提出党的基本路线:"领导和团结全国各族人民,以经济建设为中心,坚持四项基本原则,坚持改革开放,自力更生,艰苦创业,为把我国建设成为富强、民主、文明的社会主义现代化国家而奋斗。"②党的基本路线确定了我们的工作中心,必须坚持的原则和我们的奋斗目标。自此在后续的接力改革中,党始终如一坚持党的基本路线,并在实践中不断予以深化认识,对其赋予更丰富的现实意义。党的十七大将"和谐"写入基本路线,党的十九大将改革的目标修改为"富强民主文明和谐美丽的社会主文现代化强国"③。党的基本路线是党的行动纲领,是党制定各项方针政策的唯一标准,党的基本路线不动摇确保了党的治国方略始终如一。改革开放四十多年,改革之路并非一路平坦,还存有不少崎岖和艰险。在改革开放早期,思想纷争较为激烈,意识形态阻力较大。随着改革的推进,其后利益的博弈也日益凸显。在多种因素的作用下,各种利益诉求纠葛在一起,形成了改革的"硬骨头"和"深水区"。要啃下"硬骨头"和蹚过"深水区",我们必须坚持党的基本路线。只有毫不动摇坚持党的基本路线,我们的社会主义改革才能化险为夷毅然前行,社会才能在稳定中谋发展。由此可见,党的基本路线是保持社会稳定的基石。

党的基本路线确立"以经济建设为中心",就是要不断解放和发展生产力,稳步提高人民的生活水平,从而夯实社会稳定的根基。贫穷与落后是社

---

① 袁银传:《中国特色社会主义理论体系的基本特征研究》,武汉大学出版社,2014 年,第173 页。

② 中共中央文献研究室编:《十三大以来重要文献选编》(上),中央文献出版社,2011 年,第13 页。

③ 习近平:《决胜全面建成小康社会 夺取新时代中国特色社会主义伟大胜利——在中国共产党第十九次全国代表大会上的报告》,人民出版社,2017 年,第12 页。

会动乱的根源,只有"以经济建设为中心",解放和发展生产力,不断增加社会物质财富,群众的福祉和社会和谐稳定才会有保障。只有"以经济建设为中心"解放和发展生产力,做好民生工作才会有可能民生连接民心,民心凝聚民力,只有获得人民群众的鼎力支持,我们党的执政根基才会永固。改革开放以来,我国贫困人数急剧下降,公共服务能力不断得到增强,"我们现在基本医保已经总体覆盖全民,基本养老参与人数也超过8亿人"①。"以经济建设为中心"的是党的重大战略决策,是党在粉碎"四人帮"后做出的最根本的拨乱反正,从而结束了"以阶级斗争为纲"的混乱政治局面,使国家社会发展趋于正常。"以经济建设为中心"顺应民意、凝聚人心,是安邦兴国,社会长治久安的根本要求。"以经济建设为中心"的国策犹如吸盘,党的治国方略紧紧围绕这个中心,各项工作都服从和服务于这个中心,这意味着发展经济始终是党和国家生活的主旋律。正如邓小平所说:"其他一切任务都要服从这个中心,围绕这个中心,决不能干扰它,冲击它。"②"以经济建设为中心"的国策确保了改革能紧扣"解放和发展生产力"这一主题,能顺应人民提高生活水平发展民生的愿望,从而使得改革始终保持在正确道路上前行。人民的获利和拥护不仅能维护社会的稳定,而且推动了改革。改革开放四十多年,尽管在不同时期有过不同的治国理政思想,如邓小平理论、"三个代表"重要思想、科学发展观和习近平新时代中国特色社会主义思想。这些理论实质上是党的基本路线在不同时期的具体反映,都聚焦于"以经济建设为中心",体现出的是接力发展经济的脉络。党毫不动摇坚持"以经济建设为中心",从而保证了各项政策的制定和出台都以解放和发展生产力为出发点和落脚点。这意味着党始终坚持改革开放,前后出台的政策有着紧密的衔接,从而保障了政策既不出现断层,也不出现逆转,使得各项工作有着较强的稳定性和连续性,进而确保了改革的推进是一件事接着一件事做,一代接

---

① 周一兵:《中国方略》,人民出版社,2017年,第162页。
② 《邓小平文选》(第二卷),人民出版社,1994年,第250页。

着一代干。

党的基本路线中的"四项基本原则"不可分割、缺一不可,共同拱卫改革开放前行。改革开放伊始,邓小平明确提出了必须坚持"四项基本原则"的思想。1979 年,在党的理论工作务虚会上,邓小平作了《坚持四项基本原则》的专题讲话,指出搞社会主义建设,实现四个现代化就必须坚持"四项基本原则"。邓小平认为:"我们要在中国实现四个现代化,必须在思想政治上坚持四项基本原则"[①],"四项基本原则"是个整体,密不可分缺一不可,否则将会"地动山摇"。实践证明只有坚持四项基本原则,才能确保中国的改革开放事业顺利渡过难关、抵御风波、走出低潮。在 1992 年南方谈话中,邓小平再次强调:"在整个改革开放的过程中,必须始终注意坚持四项基本原则。"[②]1993 年,邓小平在与弟弟邓肯的谈话中也再次指出:"'四个坚持'是'成套设备'。"[③]在四项基本原则的保障下,中国的社会主义改革才得以经风见浪、破浪前行,进而带领中国走向复兴。

始终坚持四项基本原则是推进改革必须坚持的重要原则。党的十四大开启了社会主义市场经济体制建设时代,以江泽民同志为核心的党的第三代领导集体在毫不动摇坚持"四项基本原则"下推进改革开放事业,既推动了困难重重的国企改革,又有力地驳斥了改革"变色"的责难。2001 年,江泽民特别指出:"坚持这四项基本原则,是当今中国根本区别于历史上的封建主义旧中国和资本主义国家的主要标志。"[④]2002 年,在党的十六大报告中,江泽民在总结过去 13 年的经验时就指出:"四项基本原则是立国之本。"[⑤]在改革开放进程中,世界局势风起云涌,一些地区"颜色革命"频发,导致政权

---

① 《邓小平文选》(第二卷),人民出版社,1994 年,第 164~165 页。

② 《邓小平文选》(第三卷),人民出版社,1993 年,第 379 页。

③ 中共中央文献研究室编:《邓小平年谱(1975—1997)》(下),中央文献出版社,2004 年,第 1363 页。

④ 《江泽民文选》(第三卷),人民出版社,2006 年,第 215 页。

⑤ 中共中央文献研究室编:《十六大以来重要文献选编》(上),中央文献出版社,2011 年,第 6~7 页。

更替、社会动荡。社会主义改革需要稳定的环境,局势不稳、社会动荡必然导致改革失败。正是在"四项基本原则"的坚强保障下,中国社会主义改革在复杂多变的国际环境中不断兴利除弊,经济社会发展蒸蒸日上。2007年,在党的十七大报告中,胡锦涛再次指出:"四项基本原则是立国之本,是我们党、我们国家生存发展的政治基石。"①在党十八大报告中,胡锦涛将党取得的历史成就归因于"靠的是党的基本理论、基本路线、基本纲领、基本经验的正确指引",并指出:"党的基本路线是党和国家的生命线",要"把以经济建设为中心同四项基本原则、改革开放这两个基本点统一于中国特色社会主义伟大实践"②。这意味着,离开了党的基本路线,缺失了四项基本原则的指引,国家和社会的发展就会茫然失措,人民群众的幸福生活也就成为"空中楼阁"。

党的十八大以来,以习近平同志为核心的党中央牢牢把握住社会主义初级阶段的基本国情,毫不动摇坚持党的基本路线,有力推进全面深化改革,改革蹄急步稳,使中国特色社会主义进入了新时代。在党的十九大报告中,习近平指出:要"牢牢坚持党的基本路线这个党和国家的生命线、人民的幸福线。"③在这里,习近平将党的基本路线已明确为不仅是党和国家的生命线,而且也是人民的幸福线,并再次特别强调要坚持四项基本原则。这充分说明坚持四项基本原则是改革开放以来,保证国家稳定、经济社会发展和人民幸福的"压箱石"。毫无疑问,正是坚持了党的基本路线,党和国家人民不仅经受住了各种各样的大风大浪考验,而且取得了一个又一个伟大胜利,正如习近平在党的十九大报告中指出:"中华民族正以崭新姿态屹立于世界的

---

① 中共中央文献研究室编:《十七大以来重要文献选编》(上),中央文献出版社,2009年,第13页。

② 中共中央文献研究室编:《十八大以来重要文献选编》(上),中央文献出版社,2014年,第13页。

③ 习近平:《决胜全面建成小康社会 夺取新时代中国特色社会主义伟大胜利——在中国共产党第十九次全国代表大会上的报告》,人民出版社,2017年,第12页。

东方。"①

事实说明，只有毫不动摇坚持党的基本路线，中国的社会主义改革在跌宕起伏的国际形势面前，才会高歌猛进；只有毫不动摇坚持党的基本路线，我们的社会主义改革在困难重重面前，才会长风破浪。实践证明，党的基本路线不仅保障了中国的社会稳定，而且确保了改革开放从一个胜利走向另一个胜利。

二、采取渐进增量式改革实现稳中求变

改革开放四十多年，改革的轨迹不是一蹴而就，而是"渐进式"的"碎步"快跑。"渐进式"改革有两个特点：一是通过时间上的知识积累有效解构了"市场""私有制"等同于资本主义的知识结构，消除了意识形态障碍；二是通过空间上的试点扩张，鼓励人民大胆闯，盘活全国改革一盘棋，有效地促进了社会整体发展。在时间上的知识积累和空间上的地域扩张下，中国社会主义改革一步一个脚印稳步前进，巧妙地将市场经济的"优秀基因"移植进社会主义制度中，不仅形成了极具生命力的社会主义市场经济体制，进而极大地激发中国社会发展的生机和活力，而且又维护了社会稳定，避免了社会动荡，降低了社会转型成本。

（一）在时间上，通过不断深化认识，避免思想上"大起大落"

由于历史的原因，新中国成立后，中国向苏联全面学习，对社会主义建设的认识完全来自苏联。受苏联模式影响，我们对社会主义的认识长期局限在抽象的生产关系中，在社会主义实践中，经济建设奉行纯而又纯的公有制经济模式，形成了"市场经济等于资本主义"和"割资本主义尾巴"的根深蒂固的知识结构。早在1979年，邓小平就提出，"社会主义也可以搞市场经济"②的论断。但是当时人们的知识储备还远未达到接受市场经济的程度。

① 习近平：《决胜全面建成小康社会 夺取新时代中国特色社会主义伟大胜利——在中国共产党第十九次全国代表大会上的报告》，人民出版社，2017年，第10页。
② 《邓小平文选》（第二卷），人民出版社，1994年，第236页。

针对人们根深蒂固的计划经济知识结构，改革只有采取循序渐进的节奏，不断积累市场知识增量，逐步消除思想困惑和陈旧观念，才能有助于社会接受市场经济这一知识概念。

1978年，党的十一届三中全会提出，"应该坚决实行按经济规律办事，重视价值规律的作用"①，开启了对市场化改革的探索。在改革开放初期国家只是放宽了经济政策，不再割"资本主义尾巴"，允许农村搞副业和自留地，非常有限地吸纳"商品经济"成分，推行"计划为主，市场调节为辅"②的经济政策。1982年，党的十二大提出，要发挥"市场调节的辅助作用"③，1984年，党的十二届三中全会通过了《中共中央关于经济体制改革的决定》（后面简称《决定》），提出了社会主义经济"是在公有制基础上的有计划的商品经济"④。由此可见，人们对商品经济的这种认识是逐步增加的，在已有了一定市场知识增量下，社会才突破了把计划经济同商品经济相对立的错误认识。难能可贵的是《决定》指出了"商品经济的充分发展，是社会经济发展的不可逾越的阶段"⑤。这不仅是对社会主义建设长期性的充分认识，而且为后续的进一步市场化改革奠定了较好基础。

实践的发展推动了社会逐步接受市场经济这一知识概念。党的十二届三中全会后，商品经济这一知识概念走入了大众视野，但社会仍没有完全接受"市场经济"概念，完全的市场经济还处于"犹抱琵琶半遮面"的状态。《决定》的出台增加了社会有关"商品经济"的知识存量，充分释放了市场化改革趋向的讯号。新的知识积累推动着实践的发展，新的实践又创生新的认识。党的第十三次全国代表大会提出了社会主义初级阶段理论，明确了计划与市场是内在统一的认识。经过十来年的以计划为主、市场为补充的

---

① 中共中央文献研究室编：《三中全会以来重要文献选编》（上），中央文献出版社，2011年，第6页。
②③ 中共中央文献研究室编：《十二大以来重要文献选编》（上），中央文献出版社，2011年，第18页。
④⑤ 中共中央文献研究室编：《十二大以来重要文献选编》（中），中央文献出版社，2011年，第56页。

经济模式运行,经济得以搞活,社会快速发展,国家的面貌有了新的变化,社会对市场的认识有了更多的知识储备。在这个基础上,1992 年,邓小平在南方讲话中明确指出了"计划"和"市场"不是相对立的关系,不是社会主义与资本主义的本质区别,其实质都是发展经济的手段。邓小平对"市场"作出新的精辟论断后,中国社会关于市场经济概念才有了突破性的新认识。基于此,党的十四大正式提出了建立社会主义市场经济体制目标,作出发挥市场"对资源配置起基础性作用"[①]的决定。这一重大决定从根本上破除了将社会主义和市场经济对立起来的思想束缚,社会主义建设一下子柳暗花明。2003 年,党的十六届三中全会提出,"更大程度地发挥市场在资源配置中的基础性作用"[②],2012 年,党的十八大提出,"更大程度更广范围发挥市场在资源配置中的基础性作用"[③],到 2013 年党的十八届三中全会更是指出,"使市场在资源配置中起决定性作用"[④]。从上述时间节点可以看出,社会对市场的认识是随着时间的推移在不断积累中,市场在资源配置中的作用是随着实践的推进在逐步提升,这就保障了社会对市场认识的可接受性。这种渐进性的知识调整变化,完全解构了原有的计划经济知识结构,建立了全新的市场经济知识结构。建设社会主义市场经济体制标志着马克思主义新政治经济学的成熟和完善。

另外在经济所有制改革上,我们同样经历了渐进式的知识积累过程。党的十一届三中全会前后,全国约有 1000 万上山下乡的知识青年陆续返城,在平反冤假错案中大批落实政策的人员需要重新安置,以致城市面临极大的就业压力。对此,1980 年,中央在全国劳动就业工作会议上,提出"介绍就

---

① 中共中央文献研究室编:《十四大以来重要文献选编》(上),中央文献出版社,2011 年,第 16 页。

② 中共中央文献研究室编:《十六大以来重要文献选编》(上),中央文献出版社,2011 年,第 465 页。

③ 中共中央文献研究室编:《十八大以来重要文献选编》(上),中央文献出版社,2014 年,第 15 页。

④ 同上,第 498 页。

业、自愿组织起来就业和自谋职业相结合的方针"①。社会自愿就业、自谋职业的方式意味着势必将打破单一公有所有制经济结构。随后在 1981 年党的十一届六中全会出台的《中共中央关于建国以来党的若干历史问题的决议》（后面简称《决议》）中指出，"一定范围内的劳动者个体经济是公有制经济的必要补充"②，《决议》实现了对所有制认识的突破，这意味着我国社会正式允许了个体经济的存在。"1981 年底，全国城镇个体经济从业人员达到 227 万人，又比 1980 年翻了一番多"③。越来越多的个体经济出现，搞活了经济，经济社会的发展迫切需要新的社会认知。1984 年，党的十二届三中全会作出的经济体制改革决定里提出"实行国家、集体、个人一起上的方针，坚持发展多种经济形式和多种经营方式"④。个体经济获得了与集体经济和全民经济同样的经营地位，纯而又纯的单一所有制经济结构开始走向了解体。

1987 年，党的十三大继续鼓励私营经济发展，并指出"对于城乡合作经济、个体经济和私有经济，都要继续鼓励它们发展"⑤。随着政策的放宽，个体经济和私营企业有了长足发展，"到 1988 年，全国私营企业发展到 4 万多户"⑥，这样就进一步推进了改革，搞活了经济。因此，在 1988 年《中华人民共和国宪法》中增加了"私营经济是社会主义公有制经济的补充"⑦的重要表述，私营经济获得了法律认可。自此，公有制经济一统天下的格局被打破了，私营经济迎来了发展的春天，多种所有制经济成分从此并存发展。实践的发展，需要政策的正名、政策的鼓励才能更有利于实践进一步创新发展。

① 邵维正、范继超：《改革开放》，人民出版社，2008 年，第 74 页。
② 中共中央文献研究室编：《三中全会以来重要文献选编》（下），中央文献出版社，2011 年，第 169 页。
③ 吴敬琏、马国川：《重启改革议程》，生活·读书·新知三联书店，2013 年，第 100 页。
④ 中共中央文献研究室编：《十二大以来重要文献选编》（中），中央文献出版社，2011 年，第 65 页。
⑤ 中共中央文献研究室编：《十三大以来重要文献选编》（上），中央文献出版社，2011 年，第 27 页。
⑥ 邵维正、范继超：《改革开放》，人民出版社，2008 年，第 78 页。
⑦ 吴敬琏、马国川：《重启改革议程》，生活·读书·新知三联书店，2013 年，第 103 页。

1997 年,党的十五大第一次明确指出了当前我国基本经济制度是"公有制为主体、多种所有制经济共同发展"①,党的十九大更是指出"发展混合所有制经济"②。通过渐进式改革,人们对所有制的认识不断得到更新,在新认识的推动下社会原有的"一大二公三纯"纯而又纯的经济所有制结构得到了彻底改变。个体、私营经济成分的出现,搞活了经济,盘活了资源,为经济社会发展做出了重大贡献。习近平总书记在 2018 年 11 月召开的民营企业座谈会上,用"五六七八九"③的特征肯定了民营经济的重要地位和作用。

(二)在空间上,通过不断拓展试点,推动人们"求新求变"

改革开放初期,邓小平在《解放思想,实事求是,团结一致向前看》的报告中明确指出,改革开放"可以先从局部做起,从一个地区、一个行业做起,逐步推开"④。因此,中国的社会主义改革采用了试点模式,成熟一个发展一个逐步推广。这种模式的最大好处是,空间上的试点促进了时间上的利益积累,反过来时间上的利益积累又促使了空间上"点"的扩张形成面。空间和时间上的相互配合和相互支持,将改革的风险和成本降低到最低程度。具体来说,空间上的改革增量扩张主要从以下三个方面进行:第一,用农村改革倒逼城镇经济体制改革;第二,发展民营企业倒逼国企改革;第三,个别城市改革先行示范为全国改革积累经验。

中国的经济体制改革首先是从农村开始,走的是又一次"农村包围城市"道路。1978 年安徽省凤阳县小岗村 18 位农民秘密签下分田到户的"生死协议",小岗村的包干到户无疑是成功的。小岗村的改革经验点燃了农村经济希望,拉开了农村经济体制改革的序幕,由此以家庭联产承包责任制为丰的农村改革由凤阳县小岗村走向了安徽省和全国农村。以家庭联产承包

---

① 中共中央文献研究室编:《十五大以来重要文献选编》(上),中央文献出版社,2011 年,第 16 页。

② 习近平:《决胜全面建成小康社会 夺取新时代中国特色社会主义胜利——在中国共产党第十九次全国代表大会上的报告》,人民出版社,2017 年,第 33 页。

③ 习近平:《在民营企业座谈会上的讲话》,《人民日报》,2018 年 11 月 2 日。

④ 《邓小平文选》(第二卷),人民出版社,1993 年,第 150 页。

责任制为主的农村改革,其实质是一种权力的下放和农民权利的确认。在权利得到确认下,农民的生产积极性得到了极大的调动,农业生产有了活力和动力,农业生产长期徘徊不前的局面得到了彻底扭转。据统计,从 1979 年到 1984 年的 5 年中,我国农业总产值以平均递增 8.9% 的速度发展,1985 年中国代表在联合国粮农组织成立 40 周年大会上宣布中国的人均占有粮食已接近 400 公斤,达到了世界人均水平。① 改革在农村取得了突破,农村经济专业化、商品化和现代化的趋势初露端倪,农村出现了富余的劳动力。农村的经济改革发展效应激励城市的经济体制改革,日益增多的农产品需要更广阔的市场,富余的劳动力开始向城镇非农产业迁移。在客观上要求城市工商业改变单一的经济体制结构,使其拥有更多的生产经营自主权,能根据市场需要,灵活安排和调整生产、销售。这样不仅能满足更多劳动力就业,而且又实现了与农村经济体制发展接轨。由此农村改革向城镇改革转移,改革在地域空间上实现了扩张。

城市的经济体制改革在空间上采取了从体制外开始,绕开国有制改革难点,发展非公经济倒逼国企改革。这主要是因为受苏联《政治经济学教科书》影响,国有经济已深入人心成了社会主义的象征和标配。乃至到 1996年,还有一封反对国有经济进行布局调整的"万言书",它认为"国有经济是公有制的高级形式,是社会主义必须追求的目标"②。在当时那种认知情境下,贸然推进国有经济改革,人们的思想难以转弯,势必会造成政治上和经济上的巨大困难。因此通过体制外经济力量的积蓄和壮大向体制内经济的扩张,才能减少改革阻力,从而逐步推动价格改革、国有企业改革、贸易体制、金融体制改革和税收体制改革。在这种改革战略下,民营经济活跃起来了,乡镇企业、个体经济、外资企业、合资合营企业得到了长足发展,这不仅意味着国民经济中逐步增添了新的非国有经济成分,而且也与国有经济形

---

① 参见邵维正、范继超:《改革开放》,人民出版社,2008 年,第 37 页。
② 吴敬琏、马国川:《重启改革议程》,生活·读书·新知三联书店,2013 年,第 95 页。

成了一定的竞争态势。特别是外资企业的进入,为中国带来了资金、先进技术、先进管理经验和世界市场的营销渠道,促进了国内竞争性市场的形成。这些新的经济成分在拉动中国经济的持续高速增长的同时,也倒逼国有经济进行改革。

城市经济体制改革空间扩展的另一途径,就是个别城市先行示范,然后带动全国一盘棋改革。在改革开放初期,我们国家举办经济特区,进行城镇综合体制改革试水,为城镇经济体制改革先行探路。中央早在 1979 年就以广东和福建为改革桥头堡,批准成立深圳、珠海、汕头和厦门四个经济特区。特区要率先在全国推行土地使用制度改革、基建体制改革、价格体制改革和劳动用工体制改革等,为城市经济体制改革积累经验。在城乡一体化建设上,为推动城乡统筹发展,缩小城乡差异,2007 年国家发展改革委下发通知,以重庆和成都为试点推行全国统筹城乡综合配套改革,形成统筹城乡发展的体制机制,促进城乡经济社会协调发展,为推动全国统筹城乡一体化改革积累经验。从城镇综合体制改革到城乡一体化建设,改革都遵从了从"点"到"面"的空间扩张路线,通过点的试水,既能找准改革的突破口,又能为改革积累经验奠定基础,这样就不仅起到维护社会稳定的作用,而且又能有力地促进改革的深入发展。

三、制定正确改革标准保证改革顺利前行

改革得以顺利推行,除了有较好的改革策略外,还必须有正确的改革标准支撑,以期随时检验改革的进度和航向。1992 年,邓小平在南方谈话中明确指出判断改革成败的标准是"三个有利于":即"是否有利于发展社会主义社会的生产力,是否有利于增强社会主义国家的综合国力,是否有利于提高人民的生活水平"[①]。"三个有利于"标准将改革目的和方向内在统一起来,兼具功能和价值意义。

---

① 《邓小平文选》(第三卷),人民出版社,1993 年,第 372 页。

首先，"是否有利于发展社会主义社会的生产力"并不是单纯强调生产力标准，而是凸显出生产力的社会主义性质。邓小平认为我国在社会主义建设初期遭遇挫折的一个最大原因就在于忽视生产力的发展，没有提高人民群众的生活水平，错误地把"贫穷当作社会主义本质"①。邓小平认为"不发展生产力，不提高人民的生活水平，不能说是符合社会主义要求的"②。邓小平认为生产力与社会主义是不可分割的整体，指出了发展生产力的社会主义本质要求。离开生产力搞社会主义建设，人民生活水平低下，那只是乌托邦式的"空想社会主义"。在重视发展生产力的同时，改革又必须防止唯"生产力"论，也就是避免唯"国内生产总值"发展和防止产生"两极分化"。唯"国内生产总值"发展其实质是扭曲了发展的本意，这不仅将破坏生态，而且导致两极分化。唯"国内生产总值"论的改革是不成功的，这样的改革只会偏离社会主义航向，改变经济社会发展本意，使社会主义性质发生蜕化和变质，让人民群众离心离德，造成社会动荡。生产力的性质必须是社会主义，这意味着发展生产力强调的是人的全面发展，其目的是实现人与自然和人与社会的和谐发展。所以"社会主义生产力"标准，将改革的功能与价值相结合，从而避免了改革的单向度进行，防止了改革偏离既定航向。

其次，"是否有利于增强社会主义国家的综合国力"强调了国家利益，国家主体地位凸显。改革是为了强国，国家的强盛才使我们迎来了从站起来、富起来到强起来的伟大飞跃。此外，中华民族的伟大复兴和社会主义现代化建设同样依赖国家的综合国力提升。国家的综合国力体现了国家的政治力、经济力、科技力、国防力和文化教育水平等多因素。综合国力的提升决定了国家的国际地位和话语权，关系着民族的未来。改革开放四十多年，国家综合国力显著提升，"我国日益走近世界舞台中央"③。这一标准不仅强调

① 《邓小平文选》（第二卷），人民出版社，1994 年，第 312 页。
② 《邓小平文选》（第三卷），人民出版社，1993 年，第 116 页。
③ 习近平：《决胜全面建成小康社会 夺取新时代中国特色社会主义伟大胜利——在中国共产党第十九次全国代表大会上的报告》，人民出版社，2017 年，第 11 页。

了国家的综合国力提升,而且也凸显了国家的社会主义性质,具有深远的意义。世界社会主义在东欧地区遭遇了巨大挫折,目前仍处于社会主义发展的低潮期。我们的改革不仅增强了国家的综合国力,而且高举社会主义旗帜,在世界的东方点亮了社会主义明灯,正如党的十九大报告指出:"科学社会主义在二十一世纪的中国焕发出强大生机活力。"①

最后,"是否有利于提高人民的生活水平",充分彰显了以人民为中心的改革价值观。这一标准将人民的利益实现与否,民心所向与否作为判断改革成败的最终标准,是马克思历史唯物主义思想的体现,彰显了社会主义改革的价值性和正当性。这一标准明确了解放和发展生产力的出发点和落脚点就在于提高人民的生活水平,强调了发展的人民性。事实说明,只有让人民在发展中普遍获利充分感受到改革的实惠,人民才会支持改革,社会也才会和谐稳定。历史和现实表明,改革只有以人民为中心,做到发展依靠人民和为了人民,我们才能使各项事业从一个胜利走向另一个胜利。邓小平深刻指出:"改革开放中许许多多的东西,都是群众在实践中提出来的。""绝不是一个人脑筋就可以钻出什么新东西来。是群众的智慧,集体的智慧。"②这一标准是社会主义的本质要求,坚持这一标准才能保证实现共同富裕改革的最终目的。

"三个有利于标准"将社会发展、国家利益和人民群众联系在了一起,实现了社会、国家和人民的统一,保证了"国强民富"的改革目标实现。这一标准不仅使改革的功能目标和价值目标实现了统一,而且确保了改革开放能在目标牵引下始终沿着建设中国特色社会主义道路前进。所以"三个有利于标准"是中国社会主义改革的航标,它的正确制定为中国社会主义改革顺利前行提供坚实保障。

---

① 习近平:《决胜全面建成小康社会 夺取新时代中国特色社会主义伟大胜利——在中国共产党第十九次全国代表大会上的报告》,人民出版社,2017年,第10页。

② 中共中央文献研究室编:《邓小平年谱(1975—1997)》(下),中央文献出版社,2004年,第1350页。

第四节 顶层设计与基层创新相结合

改革开放四十多年,中国的社会主义改革之所以能取得如此辉煌的成就,其重要原因之一就在于采用了顶层设计与基层创新相结合的改革方式。顶层设计主要体现在规划出台改革政策,指导改革开放前行;基层创新主要体现在撬动改革开放,为进一步改革探索经验。应该看到顶层设计与人民群众基层创新是不可分割的,没有人民群众的基层创新,就不可能触动顶层设计的出台,没有顶层设计做保障,人民群众的基层创新就会夭折。总体说来,顶层设计主导改革开放,人民群众为主体的基层创新推动顶层设计出台,二者相结合形成合力共同推动了改革开放,使得经济社会发展又快又好。

一、基层群众创新推动改革开放

人民群众是社会的根本和发展的主体,尊重群众的首创精神是改革能取得突破性进展的重要经验之一。尊重人民的意愿,放手发动群众创造历史才会推动社会的前进。为此邓小平早在 1962 年时就曾明确指出:"群众愿意采取哪种形式,就应该采取哪种形式,不合法的使它合法起来。"[①]正是在这种质朴的历史唯物主义理念下,才有了后来著名的"猫论"诞生,这也成为 1978 年改革开放的重要指导思想。在这一思想指导下,改革开放才得以向纵深挺进。

首先,尊重群众的首创精神。1978 年,安徽省凤阳县小岗村 18 位农民为了自保自发签署了一份包产到户的"生死状",搞秘密分田单干创举并取得了丰收成绩。据此,1980 年中共中央根据农民自发进行的生产改革所取得的经验和成就,批转了《关于进一步加强完善农业生产责任制的几个问

---

① 《邓小平文选》(第一卷),人民出版社,1994 年,第 323 页。

题》文件,明确了"可以包产到户,也可以包干到户"①,旋即家庭承包责任制在全国得到推广。随后到1982年,我国出台了历史上第一个全国农村工作文件,即中央一号文件《全国农村工作会议纪要》。这个文件进一步明确了包产到户和包干到户都是社会主义集体经济的生产责任制,自此中国农村普遍实行"包产到户",人民公社制随之土崩瓦解。

其次,允许发展个体经济。在农村家庭联产承包责任制下,农民不仅增强了生产积极性,而且也出现了富余劳动力,由此带动了个体经济的产生。在这种背景下,出现了1979年广东省高要县的"陈志雄雇工事件"、1982年浙江省温州市"八大王"事件和1983年安徽省芜湖市"傻子瓜子"年广久事件。这三大事件触发了社会主义是否允许雇工和个体私营经济存在的争议,甚至有人建议予以打击。基于此,邓小平采取了"不能动"②"不争论"③策略。事实上,正是由于雇工和个体私营经济的存在,不仅解决了知青返城就业问题,而且繁荣了经济社会,丰富了广大老百姓的生活。在邓小平的"不争论"策略下,个体经济得到一定程度发展,正面效应也不断得到显现。1987年,党的十三大不仅提出了社会主义初级阶段理论,而且明确了要发展多种经济成分搞活经济建设,并指出私营经济"是公有制经济必要的和有益的补充"④。私营经济由此得到了正名。随后1988年七届全国人大一次会议通过了宪法修正案,正式承认个体私营经济是社会主义公有制经济的补充。个体私营经济得到了全面承认,在经济建设领域所占的比重和发挥的作用越来越大,进而加速了国有企业的改革步伐。

最后,鼓励个人创业。20世纪80年代,城市经济改革里面涌现出了一批以步鑫生、马胜利、鲁冠球为代表的改革风云人物。农村家庭联产承包经

---

① 中共中央文献研究室编:《三中全会以来重要文献选编》(上),中央文献出版社,2011年,第474页。

② 《邓小平文选》(第三卷),人民出版社,1993年,第371页。

③ 同上,第374页。

④ 中共中央文献研究室编:《十三大以来重要文献选编》(上),中央文献出版社,2011年,第27页。

营改革的成功客观上促使了这一批有"想法"的人跃跃欲试。1983年,"步鑫生神话"轰动全国;鲁冠球用自家自留地里的2万元苗木做抵押,承包了当时已更名为万向节厂的萧山公社宁围农机修配厂;1984年,业务科长马胜利请求承包石家庄造纸厂;同年,柳传志与其他10名计算所员工以20万元人民币创办了中科院计算所新技术发展公司(联想前身);张瑞敏由青岛市原家电公司副经理出任青岛电冰箱总厂厂长;在1984年洛杉矶奥运会上,李经纬的"健力宝"饮料借助中国女排的胜利一夜成名;1987年,42岁的宗庆后带领两名退休老师,依靠14万元借款,创办了娃哈哈公司的前身——杭州市上城区校办企业经销部。20世纪80年代个人借助政府放权、承包企业成为当时改革开放人民群众热议的话题之一。可以说以步鑫生、马胜利、鲁冠球为代表的改革闯将,大胆创新搞企业承包改革,拓宽经营方式为企业生存闯出了一条活路。不论事后的是非成败,他们的改革创新经验为后续的企业改革积累了宝贵经验。正是有了20世纪80年代企业自主经营改革推动,社会对市场的认识才有了进一步提高,这对20世纪90年代确立建设社会主义市场经济体制的改革做了较好铺垫。

二、战略布局的顶层设计优化改革开放格局

社会主义建设是一个关涉人与自然和谐和人与社会和谐的错综复杂的系统工程,涉及方方面面,这决定了改革开放格局必然宏伟庞大。党的十八大确立了"五位一体"的中国特色社会主义事业总体布局,这个总布局决定了新时代改革开放的走向和总体框架,体现出了中国国情和发展的需要。"五位一体"的总体布局决定了改革开放格局是全面发展的社会主义,因此改革要全面推进经济建设、政治建设、文化建设、社会建设和生态文明建设,保证社会各方面相互协调健康发展。"五位一体"的总布局体现了人民群众对美好生活的追求。美好生活本应就是物质富裕、政治民主、文化繁荣、社会和谐和生态宜居的整合,解决的也即是人与自然和人与社会的和谐问题,这符合社会主义的全面发展要求。可以说"五位一体"总体布局的提出契合

了中国社会发展的现实国情,它的提出是在深刻认识当前中国社会各种矛盾关系的基础上,对中国特色社会事业的准确定位和战略部署。"五位一体"总体布局的顶层设计体现了时代发展、国情变化和人民需求,它是在科学社会主义指导下和社会主义建设实践上与时俱进的科学生成,也是党对社会主义建设规律的不断深化认识的重要结果,更是今后社会主义建设的方向和方位。

在改革开放的进程中,党逐步形成了改革开放格局框架。1978 年,党的十一届三中全会提出了以经济建设为中心,将党和国家事业转上发展正轨,发展社会生产力成为国家的首要任务,经济建设成为国家的中心工作。也正是在这一目标指导下,改革开放初期经济建设工作取得了较好成绩,但与此同时精神文化领域也暴露出一些问题。1980 年 12 月,中央工作会议对此进行了专门讨论,邓小平指出:"我们要建设的社会主义国家,不但要有高度的物质文明,而且要有高度的精神文明。"①党的十二大报告指出:"社会主义精神文明是社会主义的重要特征。"②精神文明建设由此也提到了国家建设层面高度,社会主义两个文明建设模式自此形成。建设社会主义市场经济体制,必然需要上层建筑改革的跟进,而且人民对社会主义民主建设的需求也愈加凸显。根据形势的发展,以江泽民同志为核心的第三代中央领导集体提出了建设社会主义政治文明思想,"建设有中国特色社会主义,应该是我国经济、政治、文化全面发展的进程,是我国社会主义物质文明、政治文明、精神文明全面建设的进程"③。并指出"有中国特色社会主义的经济、政治、文化是有机统一、不可分割的整体"④。"三个文明"的提出进一步拓宽了中国特色社会主义事业建设局面,丰富了中国特色社会主义内涵。改革开放进入 21 世纪,在发展新阶段,为深刻把握改革、发展与稳定的关系,协调好

---

① 《邓小平文选》(第二卷),人民出版社,1994 年,第 367 页。
② 中共中央文献研究室编:《十二大以来重要文献选编》(上),人民出版社,1986 年,第 25 页。
③ 《江泽民文选》(第三卷),人民出版社,2006 年,第 490~491 页。
④ 《江泽民文选》(第一卷),人民出版社,2006 年,第 153 页。

社会各方利益诉求,党的十六届四中全会提出:"要适应我国社会的深刻变化,把和谐社会建设摆在重要位置。"①建设和谐社会成为中国特色社会主义事业的一项重要任务。2007年党的十七大报告提出:"要按照中国特色社会主义事业总体布局,全面推进经济建设、政治建设、文化建设、社会建设。"②"四位一体"总体布局模式业已形成,而且写入了党章,社会主义建设模式及其内涵得到一次深化,为"五位一体"总体布局的社会主义建设的顶层设计作了较好铺垫。总布局这个概念的提出,其实质就是对全面发展社会主义建设事业的顶层设计的表述。它规划社会主义建设格局,是中国特色社会主义建设的指南。

在新时代,新布局决定改革开放新格局。社会主义改革本是以问题为导向,通过解决问题促使社会发展的过程。改革开放促使中国经济发展腾飞,但也不得不面对和正视日益严重的资源环境恶化问题,可持续发展压力愈来愈大。生态问题得不到解决,改革成果必将付之东流。面对经济社会的快速发展与生态环境压力之间的矛盾,党的十六大提出要走"促进人与自然的和谐,推动整个社会走上生产发展、生活富裕、生态良好的文明发展道路"③。党的十七大第一次提出了"生态文明"概念,并将其作为社会主义建设的重要指标和重要要求,报告指出:"建设生态文明,基本形成节约能源资源和保护生态环境的产业结构……生态文明观念在全社会牢固树立。"④生态文明必然要求社会生产和人们的生活方式发生根本性的变化,绿色、低碳将成为经济社会发展的主要元素,它顺应人们对人与自然的和谐的追求。"五位一体"总体布局概念呼之欲出,党的十八大报告正式指出:"全面落实

①　中共中央文献研究室编:《十六大以来重要文献选编》(中),中央文献出版社,2011年,第286页。

②　中共中央文献研究室编:《十七大以来重要文献选编》(上),中央文献出版社,2009年,第12页。

③　中共中央文献研究室编:《十六大以来重要文献选编》(上),中央文献出版社,2011年,第15页。

④　中共中央文献研究室编:《十七大以来重要文献选编》(上),中央文献出版社,2009年,第16页。

经济建设、政治建设、文化建设、社会建设、生态文明建设五位一体总体布局。"①建设美丽中国和宜居宜人环境成为中国特色社会主义事业不可缺的一部分。"五位一体"总体布局在理论上丰富和发展了中国特色社会主义,彰显了以人民为中心的价值取向;在实践上不仅夯实了社会主义建设根基,而且拓宽了社会主义建设道路,更决定了新时代的社会主义建设格局。

马克思曾经指出:"现在的社会不是坚实的结晶体,而是一个能够变化并且经常处于变化过程中的有机体。"②"五位一体"总体布局是内部紧密联系、彼此相互依存、相互促进的有机整体,是推进中国特色社会主义事业全面发展、全面进步的指南和保障。进行社会主义市场经济建设,夯实物质基础是保障人民幸福生活的前提;不断完善社会主义民主政治建设确保稳定的政治环境,是保障人民幸福生活的基石;繁荣文化建设为中国社会主义改革事业不断提供智力支持,是保障人民幸福生活的基础;建设和谐社会为社会发展提供和睦的社群环境,是保障人民幸福生活的重要支撑;走可持续发展的生态文明道路为经济社会提供永续发展绿色载体,是保障人民幸福生活的根本。总之,经济、政治、文化、社会和生态文明建设各有区位和不同战略定位,共同作用形成有机整体,决定新时代改革开放格局,只有牢牢把握"五位一体"总体布局,才能在互依共济中推进中国特色社会主义的全面持续发展。

三、战略目标的顶层设计推动改革开放进程

基层群众创新触动了改革开放,改革开放何去何从? 其目标是什么?"摸着石头过河"的对岸在哪里? 对于这些问题的回答,必然需要战略目标的顶层设计,只有依靠设计不同时期的战略目标才能推动改革开放进程,让人民看到希望,便于进一步形成合力推动改革开放。中国共产党自成立之

---

① 中共中央文献研究室编:《十八大以来重要文献选编》(上),中央文献出版社,2014 年,第7 页。

② 《马克思恩格斯选集》(第二卷),人民出版社,1995 年,第102 页。

日起,就以为中国人民谋幸福,为中华民族谋复兴为其初心使命,党的奋斗目标与中华民族伟大复兴中国梦高度契合。实现中华民族伟大复兴的战略总目标不可能一蹴而就,而是由阶段性的目标进行任务分解,我们只有靠一步一个台阶往上走,一代接着一代干的坚忍不拔的毅力才能完成这一伟大事业。实践证明,总目标和阶段性目标的优化组合,不仅发挥了战略目标巨大的感召力和凝聚力,而且也形成了改革开放时间表推动了改革开放进程。

针对当时中国落后的实际状况,以邓小平同志为核心的党的第二代领导集体重新思考和规划了实现中国现代化的战略目标。邓小平审慎提出了"小康""中国式现代化""中等发达国家水平"等战略目标概念。"小康"最早出自《诗经》中,"民亦劳止,汔可小康"。古代社会所指的小康实质上反映了长期处于贫困状态的普通老百姓对于衣食无忧生活的向往。邓小平巧妙地将中国老百姓所熟知的这一概念赋予了新型的时代内容,提出了"中国式现代化"概念,其目的是让广大老百姓更加熟知和亲切现代化。1979年,邓小平在会见日本首相大平正芳时说:"我们的四个现代化的概念,不是像你们那样的现代化的概念,而是'小康之家'。"①小康的具体意蕴是指什么样的生活水平,邓小平概括的解释是"不穷不富,日子比较好过"②。这实际上也就是比温饱好过,但还没达到发达国家生活水平的这样一种状态。相对于现在来说,我们党当时提的小康还是一个比较低调的战略目标,但务实亲民。如何实现这一目标,党的十二大又再次将这一目标予以了分解,明确了具体的时间进程,提出了到2000年分"两步走"的战略。第一步用8年时间即到1990年解决温饱问题,第二步用10年时间即到2000年,实现人民生活的小康。这一务实而又亲民的小康奋斗目标,在"两步走"战略安排下就显得更加亲近朴实,激发了亿万中国人民建设社会主义的热情。

"两步走"战略将贫困的中国变成了小康的中国之后,中国又怎么走?

---

① 《邓小平文选》(第二卷),人民出版社,1994年,第237页。
② 韩保江:《中国奇迹与中国发展模式》,四川人民出版社,2008年,第162页。

下一步的目标是什么？1987 年，邓小平在会见西班牙客人谈到实现小康后如何打算时，指出实现小康生活水平后"用三十到五十年再翻两番，大体上达到人均四千美元。做到这一步，中国就达到中等发达的水平。这是我们的雄心壮志"①。根据邓小平这一构想，党的十三大正式提出国民经济建设的"三步走"战略部署，也就是在"两步走"战略安排基础上，再向前走一步，即到 21 世纪中叶，不仅要基本实现现代化目标，而且还要实现人均国民生产总值、人民生活水平达到中等发达国家水平。"三步走"战略目标的形成为20 世纪 80 年代改革开放进行了长远规划和中期规划，成为制定我国国民经济发展的重要指导思想，这也成为鼓舞和激励全党和全国人民奋勇实现改革开放目标的指引。目标明确，动力才足，干劲才大，正是在这一目标的牵引下，改革开放进程才不断得以推进，加快了中国社会现代化建设。

实践的飞速发展远远超过了人们的预期，战略目标的顶层设计紧随实践发展不断进行调整与更新。在世纪之交，党的十五大根据我国现代化建设诸多方面的实际情况，将"三步走"战略目标中的第三步目标进一步具体化，提出新的"三步走"发展战略：即在 21 世纪第一个 10 年……形成比较完善的社会主义市场经济体制；再经过十年的努力，到建党一百年时……各项制度更加完善；到 21 世纪中叶建国一百年时……建成富强民主文明的社会主义国家。② 战略目标的细化，进一步明确了要完成的具体任务，推动了改革开放进程，使人民群众更能切身感受到目标的具体实现过程，起到了凝聚人心、激发干劲的作用。2002 年，党的十六大正式宣布人民生活总体达到小康水平。然而此时的小康水平还不全面、发展也不平衡，水平也不太高。为此党的十六大正式提出全面建设小康社会的奋斗目标，即在 21 世纪用 20 年时间集中力量全力以赴，在建党一百周年时全面建设惠及十四亿多人口的更高水平的小康社会，使得每一个中国人都幸福安康。目标推动着实践发

①　《邓小平文选》（第三卷），人民出版社，1993 年，第 226 页。
②　参见中共中央文献研究室编：《十五大以来重要文献选编》（上），中央文献出版社，2011 年，第 4 页。

展,新的实践催使新目标产生。根据新的实践需要,党的十八提出了"两个一百年"奋斗目标,这是对改革开放战略目标的又一次丰富和发展。第一个百年目标是实现第二个百年目标的前提和基础,第二个百年目标牵引第一个百年目标实现。两个百年目标互为拱引,推动着改革前行,实现经济社会又好又快发展。

新时代规划新目标。2012 年党的十八大后,习近平率中央政治局常委和中央书记处的同志来到国家博物馆,参观"复兴之路"展览时提出了中国梦的宏伟设想。中国梦是对改革开放战略目标顶层设计的又一次理论提升,一经提出就产生了广泛的号召力和感染力。中国梦既有宏大叙事又彰显个体关怀,其内涵丰富,意义深远,将国家、民族和个人紧密结合在一起。这个梦想是每一个中华儿女的共同愿景,体现了中华民族和中国人民的整体利益和向往,具有广泛的包容性,是中华民族团结奋斗的最大公约数,指明了"摸着石头过河"的对岸,凝聚了改革开放最大共识。国泰而民安,民富而国强。中国梦集国家情怀、民族情怀、人民情怀于一体,把国家、民族和个人的前途和命运紧密联系在一起,诠释了中国人民的"家国天下"情怀。对于在新时代,中国梦的实现进程和阶段性目标的设计,习近平在党的十九大报告中指出,在实现第一个百年奋斗目标即全面建成小康社会基础上,用"两个'十五年'阶段"发展来实现建成社会主义现代化强国的目标。①

从"两步走"战略到"三步走"战略,又到新"三步走"战略,再到党的十九大提出的"两阶段"发展战略的顶层设计,战略目标的更新变化不断推动改革开放进程,使得全面建成小康社会近在咫尺。顶层设计的不断更新与调整,体现了顶层设计对其实践推动的巨大效力,也反映了党与时俱进的理论品质,能根据实践的发展不断调整其目标,使其对改革开放进程能形成强有力的指导。顶层设计作为一种思想导向,既以实践作为其基础和来源,又

---

①　参见习近平:《决胜全面建成小康社会 夺取新时代中国特色社会主义伟大胜利——在中国共产党第十九次全国代表大会上的报告》,人民出版社,2017 年,第 28～29 页。

对实践具有能动作用,不断推动实践向前发展。在新时代,中国的社会主义改革必然要根据国际国内形势发展作出新的顶层设计,其重要性和指导意义在于将更大程度凝聚举国力量,使其万众一心为实现中华民族伟大复兴的中国梦而奋斗。

四、战略举措的顶层设计保障改革开放质量

战略目标的顶层设计推动了改革开放进程,确保了改革开放速度。改革开放不仅要有速度,更要有质量,才能确保完成其相应的战略目标。如何才能保证改革开放的质量,战略举措规划就尤显重要。战略举措的顶层设计主要在于回答了改革开放的路径怎么选择,中国特色社会主义进入新时代如何进一步推进改革开放等宏观问题。正是党对这些宏观问题的回答,才进一步解决发展的困境,为改革开放不断铺路和保驾护航,进而确保改革开放又好又快。

建设社会主义市场经济体制有力推进了改革开放。1994年,党的十四届三中全会通过了《中共中央关于建立社会主义市场经济体制若干问题的决定》,正式明确了建设社会主义市场经济体制,确立了市场对资源配置起基础性作用——"摸着石头过河",河上的"桥"搭建起来了。市场经济是解放和发展生产力的有力手段。在市场经济体制下,市场主体都是财产所有者,是自己财产的主体,拥有独立的财产所有权和自主选择交易权。正是有了独立的自由支配权,市场主体才会不断发现和认识自然的有用属性和人的新需要。特别是在激烈的竞争中,市场主体有着优胜劣汰的无形压力,他们必须不断完善自己,增强自己的能力,勇于实践创造出更多新的需要和新的知识,满足和适应社会不断发展的要求,这样才能保障市场主体在社会发展中得以生存和发展。市场经济体现自由、平等的价值,充分尊重人的自主选择意愿。平等的主体和自由的交换,保证了生产的多样性和差异性,较好解决了人的不同层次需要,从而实现了人们对美好生活的向往,这正是市场经济的奥妙所在。需要的满足也就是人的价值的实现,由此可见市场经济

是能较好实现人的价值的经济模式。相比而言,以往的计划经济将人的多种需要满足简化为一种指令计划,实则是僵化对待了丰富的社会生活,漠视了人的差异性和多样性需求,窒息了社会活力。资本主义能在两三百年时间创造出惊人的生产力,创造出今天丰富多彩的物质文化生活,正是得益于市场经济体制释放出的巨大生产魔力。从历史实践和市场经济运行机理来看,我们不得不承认市场经济体制机制符合了人类思维非至上性特点,契合了人的需要本性,顺应了人们对美好生活的追求,推动着社会不断向前发展。

正是有了市场经济体制这个桥,我国经济建设才能突飞猛进,仅用不到四十年时间,改革开放就使中国国民生产总值稳居世界第二,中国特色社会主义进入了新时代。在新的历史方位下,如何进一步深化市场经济体制改革,确保改革开放有质量。在新时代下,党的十八届三中全会作出了全面深化改革决定,"十三五"规划中提出的五大发展理念和"四个全面"战略布局确保了改革开放又快又好的发展。这些战略新举措,能有力破解改革中的深层次问题,进而推动经济社会不断发展。

全面深化改革是新时代党推进改革开放的重大战略举措。全面深化改革提出了改革总目标是完善和发展中国特色社会主义制度,推进国家治理体系和治理能力现代化。在这个总目标下,党确定了"5＋1＋1"七个方面的改革,明确了经济体制改革是重点,其核心是推进市场对资源配置起决定性作用,相应推动政治体制改革、文化体制改革、社会体制改革、生态文明体制改革,以及党的建设制度改革和国防与军队改革。全面深化改革提出的许多决策和部署,实现了对以往改革理论和政策的重大突破,是新时代推进改革开放向纵深挺进的指南。党的十八届三中全会以后,全面深化改革蹄疾步稳,一系列重大改革方案和举措相继出台,有力地促进了经济社会快速发展。

五大发展理念助推我国发展模式上新台阶。理念是行动的指南,有什么样的发展理念就有什么样的发展实践。从这一角度来看,发展理念管全局、管方向、管长远,具有战略性、纲领性和引领性特征,关系改革开放实践的成效。只要发展理念正确,目标任务就不会出错,改革开放举措就好定。中国特色社会主义进入新时代,经济发展进入新常态,在发展的新趋势、新机遇、新矛盾和新挑战下,我们要实现"两个一百年"奋斗目标,就必须坚持党的十八届五中全会提出的创新、协调、绿色、开放、共享的五大发展理念,才能突破发展瓶颈推动经济社会发展上新台阶。五大发展理念集中体现了今后我国改革开放发展的思路、方向和着力点,这是中国共产党在新的历史方位下在把握经济速度变化、产业结构优化、发展动力转换,凝聚各方认识基础上,提出的关于实现经济结构转型发展,提升经济发展质量的又一次顶层设计,深刻揭示了如何走更高质量、更加公平的可持续发展道路。贯彻五大发展理念,自觉将其落实到经济社会发展的各方面和全过程,才能全面推进深化改革,拓宽改革开放发展新境界,实现我国发展全局的深刻变革,这样才能不断推进生产力的发展,继续创造发展的中国奇迹。

"四个全面"战略布局是新时代推进改革开放的总抓手。纲举才能目张,绘制进一步改革开放新蓝图,必须观大势、谋大局、定大事,从战略上进行谋划、思考,作出符合时代潮流和本国实际的新部署。只有这样才能以点带面,引领各项事业健康发展,取得改革开放的更好成绩。党的十八大以来,党中央提出了"四个全面"战略布局,协调推进我国全方位发展,这是新时代确保改革开放高质量发展的需要。"四个全面"战略布局既有目标,又有举措,每一个全面都具有重要的战略意义,它们之间相辅相成、相互促进、相得益彰,是全面建成小康社会的关键所在。全面建成小康社会是我国2020年必须实现的目标,这意味着我国的发展水平将上一个新台阶,也意味着实现中华民族伟大复兴的中国梦有了重要基础。而要实现全面建成小康社会必须全面深化改革,要全面深化改革必然依靠全面依法治国,而全面从严治党是其他三个全面的根本保证。由此可见,"四个全面"战略布局体现出了目标与举措的辩证统一和全局与重点的有机结合,它是相互贯通的顶层设计,是坚持和发展中国特色社会主义的新战略,是新时代推进改革开放的总抓手。"四个全面"的关键和重点,虽然在于全面建成小康社会,但是应该看到"四个全面"包含的思想具有长远指导意义。如社会经济发展要依靠全面深化改革,体现出了改革是发展的动力和活力。依法治国是治国理政的基本方式,彰显了我国的政治文明。坚持党的领导,是实现中国梦的根本保障。只有全面从严治党,才能保证党的纯洁性和生命力,从而确保党的长期执政。这些重要思想也必将决定 2020 年之后改革开放的质量。

第五节 重点推进与全面改革相结合

习近平指出:"改革开放是一个系统工程,必须坚持全面改革,在各项改革协同配合中推进。"①这意味着在"以经济建设为中心"重点推进经济体制改革时需要全面推进改革,完成物质文明、政治文明、精神文明、社会文明和生态文明建设,实现社会整体飞跃。中国国土面积广阔,有着明显的地区差异,缩小地区差异实现全国"一盘棋"发展,提升整体国力是改革的目的。社会的系统性和国家发展"一盘棋"要求也决定了全面推进改革的必要性。因此,重点推进与全面改革相结合是保障改革开放具有持续动力和社会健康发展的重要方式。

一、"以经济建设为中心"推进经济体制改革

"以经济建设为中心"实质是解放和发展生产力。推进经济体制改革解放和发展生产力,事实上是遵循了社会发展基本规律,体现了马克思主义唯物历史观。改革开放前忽略了发展生产力,片面夸大生产关系作用导致社会发展走了弯路,社会主义建设遭受挫折。邓小平抓住了马克思论社会发展中的生产力这一关键因素,指出了"社会主义本质是解放生产力,发展生

---

① 中共中央文献研究室编:《习近平关于全面深化改革论述摘编》,中央文献出版社,2014 年,第 35 页。

产力,消灭剥削,消除两极分化,最终达到共同富裕"①。邓小平的社会主义
本质论揭示了发展生产力的重要性,体现了人类社会发展规律的一般性。
"生产力与生产关系的矛盾必然要导致社会革命,生产关系要与生产力发展
水平相适应的要求,是人类社会发展必须遵循的一条基本规律"②。生产力
与生产关系的矛盾运动决定了人类社会历史发展的命运。所以邓小平提出
的"以经济建设为中心"是对马克思社会发展思想的正本清源,否定了"以阶
级斗争为纲"的错误认识。事实表明,在"以经济建设为中心"思想指导下,
中国共产党在实践中与时俱进不断提高自身执政水平和执政能力,有力推
进改革开放,创造了发展的中国奇迹。

社会主义初级阶段的国情和社会主要矛盾,决定了社会主义建设必然
是"以经济建设为中心"。早在 1956 年党的八大上,党中央就曾明确指出:
"国内的主要矛盾不再是工人阶级和资产阶级之间的矛盾,而是人民对于建
立先进的工业国的要求同落后的农业国的现实之间的矛盾,是人民对于经
济文化迅速发展的需要同当前经济文化不能满足人民需要的状况之间的矛
盾"③,提出了社会主义的建设任务,这是对社会发展规律的正确认识。在经
历了社会主义建设曲折后,党中央提出了"一个中心、两个基本点"的基本路
线,明确了经济建设是社会主义初级阶段的中心工作。应该说,以经济建设
为中心是由我们的国情所决定的。我们正处于社会主义初级阶段,这是我
们当下最大的国情,这个国情归根结底是由我们国家的社会生产力发展水
平所决定的。在 1981 年,党的十一届六中全会提出了社会主义初级阶段的
社会主要矛盾"是人民日益增长的物质文化需要同落后的社会生产之间的
矛盾"④。这个社会主要矛盾也就决定了"发展是硬道理"的时代命题,这是
当时"以经济建设为中心"的应有之义。在这个时代命题下,经济建设迎来

---

① 《邓小平文选》(第二卷),人民出版社,1993 年,第 373 页。
②③ 张一兵主编:《辩证思维》,江苏人民出版社,2015 年,第 67 页。
④ 中共中央文献研究室编:《三中全会以来重要文献选编》(下),中央文献出版社,2011 年,第
136 页。

了一次大的突破,确立了建设社会主义市场经济体制,明确了市场对资源配置起基础性作用。对于建设社会主义市场经济体制,邓小平认为:"实际上我们是在这样做,深圳就是社会主义市场经济。不搞市场经济,没有竞争,没有比较,连科学技术都发展不起来。产品总是落后,也影响到消费,影响到对外贸易和出口。"①社会主义市场经济体制的确立解决了长期以来姓资姓社的争论,放开价格,开放产品市场,培育要素市场,建立和完善价格体系、产权体系、宏观调控体系、现代企业制度体系、公共财政体系、法规体系等市场体系。各类市场体系的培育,不仅有效地发挥了市场作用,调动了生产主体的积极性,而且也使中国成功加入世界贸易组织,中国迎来了经济发展的一个高潮。

在"以经济建设为中心"的思想指导下,中国的发展创造了第二次世界大战后一个国家经济高速增长持续时间最长的奇迹。我国经济总量在世界上的排名,改革开放之初是第十一;2005年超过法国,居第五;2006年超过英国,居第四;2007年超过德国,居第三;2009年超过日本,居第二。2010年,我国制造业规模超过美国,居世界第一。②事实表明,我们国家经济社会发展创造了世界发展史的奇迹。但应该看到,经济发展中还存在不合理现象:中高端产业不足,低端产业产能过剩,地区差异较大,致使经济驱动力减弱。党的十九大根据新的发展形势,作出了社会主要矛盾已转换为"人民日益增长的美好生活需要和不平衡不充分的发展之间的矛盾"③的重大理论判断,这意味着对"以经济建设为中心"的发展赋予了更高要求,势必将更加注重经济的质量建设和发展的均衡化。经济发展动力必然要从以往主要依靠资源和低成本劳动力等要素投入转向创新驱动,促使经济发展走可持续发展道路。早在党的十七大上胡锦涛就提出了科学发展观,明确了经济社会发

---

① 冷溶、汪作玲主编:《邓小平年谱(1975—1997)》(下),中央文献出版社,2004年,第1348页。
② 参见《习近平谈治国理政》(第二卷),外文出版社,2017年,第247页。
③ 习近平:《决胜全面建成小康社会 夺取新时代中国特色社会主义伟大胜利——在中国共产党第十九次全国代表大会上的报告》,人民出版社,2017年,第11页。

展要"以人为本"和走生态文明的可持续发展道路。党的十八大提出了"五位一体"的社会总布局,明确了社会的整体发展战略,力求通过各领域的全面联动建设再次推动经济社会发展。党的十八届三中全会作出了全面深化改革的战略部署,明确了"市场对资源配置起决定性作用"的改革目标,即要发挥市场主体的更大作用,进一步深化市场经济体制改革。从历史发展的脉络看,改革开放四十多年我们党始终"以经济建设为中心",建立并进一步完善了社会主义市场经济体制,完成了改革的阶段性目标。

改革开放四十多年,社会总体平稳前进没有出现大的波动,中国已从世界的"落后生"成长为"优秀生",而且正接近世界舞台的中央,这无疑证明"以经济建设为中心"的"重点推进"改革方针取得了重大成就。但应该看到当前改革动力明显疲软,一些体制机制上的深层次矛盾已表现出来,一些领域阶层呈现固化倾向和存在的利益藩篱等障碍制约着改革发展,而且这些问题彼此相连、相互交织,使得改革举步维艰。这些困难和问题涉及我国政治、经济、文化、社会、生态等多个领域。针对这些问题,我们只有通过全面改革,多领域联动发力才能解决问题和破除发展中的障碍,从而进一步推进经济社会发展,迎来经济建设的又一个春天。

二、以经济体制改革带动全面改革

经济的可持续发展必然需要依靠全面改革。全面推进改革关键在"全面",覆盖面广,基本涵盖了社会生活的所有领域。推进市场经济建设客观上要求我国改革开放从经济领域逐步扩展至政治、文化、社会和生态等领域,这也是"五位一体"总布局社会发展的内在要求。在这"五位一体"总体布局中,夯实经济建设是保障人民幸福生活的前提;发展民主政治建设是保障人民幸福生活的基石;繁荣文化建设是保障人民幸福生活的基础;建设和谐社会是保障人民幸福生活的重要支撑;走可持续发展的生态文明道路是保障人民幸福生活的根本。这也说明,中国特色社会主义经济建设、政治建设、文化建设、社会建设、生态文明建设五个方面合则俱进、偏则俱失。正如习近平所指出,"改革开放是一个系统工程,必须坚持全面改革,在各项改革协同配合中推进"①。全面推进改革,必须在辩证认识五大建设关系的基础上,发挥经济体制改革的牵引作用,助推其他四个方面体制改革的顺利进行,进而实现生产关系同生产力、上层建筑同经济基础相适应。只有全面改革才能实现经济水平提升、民主法制健全、文化艺术繁荣、社会和谐稳定、生态环境优美,从而推动经济社会持续健康发展。

全面推进改革顺应时代要求和人民愿望。在改革开放初期物质异常匮乏的情况下,决定了"发展是硬道理",走的是粗放型发展道路。这种片面的经济发展方式,在实践中很快实现了物质财富的积累,但也产生了不少副作用,如典型的生态破坏、产业结构不合理、经济布局失衡、社会矛盾凸显等。追求经济的片面发展会使效率与公平、速度与效益对立起来,将人视为生产的工具和手段,忽略了人的主体性。人的价值追求经济化,人的本性工业化,一定程度上造成了社会关系紧张。2012 年,胡锦涛在党的十八大报告中指出了当前社会存在的主要问题,这一系列问题也就导致了社会矛盾较为凸显,特别是涉及群众切身利益的问题较多。而且发展的不平衡、不协调,产业结构不合理的问题也直接导致了经济增长疲软。党的十八大确立了"五位一体"的中国特色社会主义事业总体布局,制定了推进我国改革开放各项工作的基本方针和目标指南,应该说这是符合中国国情推进全面改革的科学规划与顶层设计。只有在"五位一体"总体布局下,通过全面推进改革推动社会各领域全面发展,才能实现人民对美好生活的向往。美好生活本应就是物质富裕、政治民主、文化繁荣、社会和谐和生态宜居的整合,解决的也即是人与自然和人与社会的和谐问题,符合社会全面发展的要求。因而全面推进改革,转变发展观念,提升发展战略,创新发展模式已成了当前改革开放绕不过的坎。党的十九大报告指出了人民群众向往更加美好的生活需要。这意味着在新时代不仅要以经济建设为中心,而且还需要自然、

① 《习近平谈治国理政》,外文出版社,2014 年,第 68 页。

社会、政治等各个方面都发展,方能适应人的全面发展需要。这就要求改革要全面推进多点发力,改革要更加注重系统性和协调性,促使社会全面发展,更加尊重人的主体性。

"以经济建设为中心"推动全面改革。毫无疑问,经济是政治、文化、社会和生态的基础。但应该看到政治、文化、社会和生态的协同发展不仅能为经济发展提供活力和动力保障,而且也能使得社会更加和谐。所以全面推进改革仍是以经济建设为中心,在发展经济的同时,协同推进政治建设、文化建设、社会建设和生态建设,使生产力与生产关系及经济基础和上层建筑不断适应和协同发展。由此可见,全面推进改革不是平均用力、齐头并进,而是要注重抓主要矛盾和矛盾的主要方面,注重"两点论"与"重点论"的辩证统一,努力做到全局和局部相配套、治本与治标相结合、渐进和突破相衔接,实现改革的整体推进和重点突破相统一。全面推进改革还是实现"全国一盘棋"发展的根本方法。全面推进改革要求既要考虑城市和东部地区的发展,又要考虑农村和西部地区的发展,实现各领域、各地区统筹兼顾发展,最终实现全面建成小康社会的目的。

总之,在全面推进改革下,体制和机制对市场的束缚得到了有效解决,使得市场对资源的决定性作用发挥更有效,有利于进一步调动人的积极性和创造性,让社会发展充满活力。全面推进改革使改革更具有系统性和全面性,注重发展的可持续性和利益的协调性,有利于发挥改革的整体效能,便于突破改革的障碍,保障了经济与社会的和谐发展。新时代我国社会主要矛盾决定了只有全面推进改革,才能解决制约我国经济社会发展的不平衡、不充分的发展瓶颈,从而进一步提升人民的幸福生活指数。

第五章

中国社会主义改革的启示

中国的社会主义改革开启了世界社会主义运动新开端,以全新视角对社会主义建设以深刻启示。中国社会主义改革实践证明,建设社会主义必须在理论上与时俱进地发展马克思主义,建设社会主义在实践上不断实现多种结合;社会主义改革必须在政治上坚持党的领导,社会主义改革必须在内涵上彰显人的价值。只有这样,社会主义事业才会行稳致远,社会主义风景才会这边独好。

第一节　建设社会主义必须在理论上与时俱进地发展马克思主义

社会主义改革绝不是改旗易帜,而是在坚持社会主义方向下推进社会主义制度进行不断完善的实践过程。马克思主义是指导社会主义建设事业的唯一信仰,坚持马克思主义是建设社会主义必须遵循的重要原则。但应该看到,坚持马克思主义信仰并不是教条化对待马克思主义理论。任何僵化马克思主义理论的行为,只会阉割马克思主义灵魂,窒息马克思主义生命力。我们不得不承认,在俄国十月革命影响下建立起来的一批社会主义国家都有一个共同事实:经济和文化落后,生产力水平低下。这与马克思、恩格斯所设想的未来社会构想差距甚大,理论与实践明显错位。但是在社会主义建设上,这些国家教条式地照搬未来社会构想模式,搞乌托邦式社会主义建设,从而使社会主义在实践中陷入困境,世界社会主义运动遭受重大挫折。从20世纪80年代始,中国提出建设具有中国特色的社会主义,从理论和实践上实现了社会主义认识的新突破,使濒临绝境的世界社会主义运动有了新的希望。实践证明,只有与时俱进地发展马克思主义理论,将马克思主义普遍真理与本国实际相结合,才能保证社会主义建设走向康庄大道,才能推进世界社会主义运动走出低谷进而蓬勃发展。与时俱进地发展马克思主义,也就是根据国情实际、时代发展和人民需要来丰富和发展其内涵,使之既具有强烈的现实关怀又具有超前的理论关照。这样才能保证马克思主义不仅能回应人民需求,而且又能反映时代变化。

一、本土化发展适应民族特色

不同的国家发展情况迥异,不同的民族文化差异显著,因而社会主义建设就不可能遵循相同的公式或模式。事实表明,社会主义只有与国家民族实际相结合才有活力。马克思主义本土化其要义在于把马克思主义基本原理同本国具体国情和民族文化相结合,也就是运用马克思主义立场、观点和方法去分析和解决本国问题,使马克思主义不再"水土不服",而是更具生机与活力。马克思主义本土化意味着打破了僵化的社会主义建设模式,开创了具有国家民族特色的社会主义发展道路,这是对社会主义建设理论的发展与创新。马克思主义是关于人类解放的真理,指明了社会主义革命和建设的总原则和总方向。若照抄照搬只会断章取义,曲解马克思主义思想。只有作为方法论使用,才能准确完整理解马克思主义。马克思主义本土化要求我们必须准确把握国家的基本国情,及时总结社会主义建设的经验教训,重视人民群众在社会主义建设中的创新创造,才能在实践中不断扩大马克思主义的感召力和影响力,从而使社会主义这面旗帜既有红色又彰显特色。马克思主义本土化发展,要求马克思主义在与民族文化结合中,要不断吸收各国民族优秀文化,特别是思维方式、价值理念和生活习惯等文化因子,才能融入人们的思想和生活,从而更好地发挥其作用。

我们应该清楚认知,马克思主义本土化绝不是社会主义民粹化,搞自我封闭狭隘地闭门造车,而是一个不忘本来、吸收外来、面向未来的本土化过程。只有这样,我们才能既发展马克思主义思想,又繁荣民族文化,从而不断提升中华文明的影响力。全球化的今天,最大的危险是在世界文化融合中,我们的民族文化丢失民族符号和丧失价值精神。因此,推进马克思主义本土化发展,我们必须注意在发展的历史长河中要始终走社会主义道路,在世界舞台上要始终保持民族精神。只有这样,我们才能在社会主义改革实践中既稳固马克思主义指导思想,又彰显民族特色,使社会主义道路越走越宽。

二、时代化发展回应时代之问

时代是思想之母,马克思主义不是教条而是发展的学说体系,是随着时代变化而不断丰富发展的价值理念。社会主义作为人们对美好生活的向往与追求,绝不是固定的公式或模式,而是动态的价值实现过程。正如马克思、恩格斯曾宣布:"我们所称为共产主义的是那种消灭现存状况的现实的运动。这个运动的条件是由现有的前提产生的。"[1]"所谓'社会主义社会'不是一种一成不变的东西,而应当和任何其他社会制度一样,把它看成是经常变化和改革的社会。"[2]由此可见,马克思主义是与时代同进步,在社会发展中不断丰富的学说体系。从现实需要看,当今世界全球化趋势逆不可挡,时代潮流浩浩荡荡,世界文明纵横融合,马克思主义要在全球化时代下凸显出卓越的理论优势和价值优势,必然要吸取时代精华契合人民最新需要。从历史角度来看,马克思主义的形成与发展,就是应时代发展和人民需要应

---

① 《马克思恩格斯选集》(第一卷),人民出版社,2012 年,第 166 页。

② 《马克思恩格斯文集》(第十卷),人民出版社,2009 年,第 588 页。

运而生的。马克思主义理论来源于鲜活的实践活动,是解决社会现实问题的"良药",有强烈的社会实践性和鲜明的时代气息。在中国社会主义改革实践进程中,党"以问题为导向",运用马克思主义基本原理并结合中国社会实际,创造性地提出了"什么是社会主义、怎样建设社会主义","建设什么样的党、怎样建设党","实现什么样的发展、怎样发展","新时代坚持和发展什么样的中国特色社会主义、怎样坚持和发展中国特色社会主义","建设什么样的社会主义现代化强国、怎样建设社会主义现代化强国","建设什么样的长期执政的马克思主义政党、怎样建设长期执政的马克思主义政党"等时代命题,丰富和发展了马克思主义学说,解决了中国社会主义建设在实践中碰到的各种问题。由此可以看出,马克思主义不可能始终保持经典的"书本"形态,而是要在丰富的实践发展过程中始终保持其敏锐的洞察力,能与时俱进提出时代命题,从而解决发展中的问题。

三、大众化发展满足人民需要

马克思主义不是追问世界何以可能的象牙塔学说,而是追求改造世界,为人民大众谋解放和自由的人民大众自己的学说。这就决定了马克思主义不是曲高和寡,社会主义也不是精英主义,而是与人民大众命运息息相关的学说思想。马克思、恩格斯曾指出:"过去的一切运动都是少数人的,或者为少数人谋利益的运动。无产阶级的运动是绝大多数人的,为绝大多数人谋利益的独立的运动。"①所以,马克思主义大众化发展是这一学说理论的本质要求。马克思主义要实现大众化发展需要注意以下两点。其一,需要在内容形式上更加贴近生活,传播马克思主义要采用人民群众喜闻乐见的话语体系,使其表现形式更加生动化、形象化、生活化和简明化;其二,需要在实践效果上更加惠民,践行马克思主义主要在于满足人民群众对美好生活的向往,使人民群众在实践中不断获得实惠,从而确保社会主义建设获得人民

---

① 《马克思恩格斯选集》(第一卷),人民出版社,2012 年,第411 页。

群众的鼎力支持。在马克思主义传播中,党采用了朴实无华的语言诠释了马克思主义价值,如"全心全意为人民服务""一切从群众中来,一切到群众中去",人民群众"拥护不拥护""赞成不赞成""答应不答应""高兴不高兴""人民群众对美好生活的向往,就是我们的奋斗目标""把权力关进制度的笼子里""金山银山不如绿水青山"等金句。

在践行马克思主义实践上,党"始终代表中国最广大人民的根本利益"谋发展,提出"以人为本"建设社会主义和谐社会,坚持"以人民为中心"的发展思想。在这些执政理念下,改革才能保证人民群众在发展中普遍受益,人民生活水平才会显著提高。只有这样,马克思主义才会深入人心,社会主义才会有希望。从中国的社会主义建设历程来看,推进马克思主义大众化发展,不仅要使马克思主义传播形态符合人民群众认知结构,而且要做到其发展能解民众之忧,谋民众之福,切实做到发展依靠人民、发展为了人民、发展成果由人民共享。只有这样,马克思主义才能与人民群众命运相联系,从而实现其大众化发展,进而确保社会主义具有经久不息的活力与动力。

第二节 建设社会主义必须在实践上不断实现多种结合

马克思认为"世界不是既成事物的集合体,而是过程的集合体"[1]。这说明社会主义在实践上是个不断结合的过程,要实现多种结合。中国的社会主义改革表明,这一过程实现的是社会主义与国情、世界、市场、民主和法治相结合。只有通过这样的多形式结合,我们才能在坚持与发展中、理论与实践中,将社会主义创新与发展。只有这样,我们才能使得社会主义建设既有定力又有活力,从而保障了社会主义事业行稳致远,社会主义风景这边独好。

---

[1] 《马克思恩格斯选集》(第四卷),人民出版社,2012年,第250页。

一、社会主义与本国国情相结合

认清国情,是中国革命和社会主义建设的前提。早在 1939 年,毛泽东在
《中国革命和中国共产党》一文中明确指出:"认清中国社会的性质,就是说,
认清中国的国情,乃是认清一切革命问题的基本的根据。"①正是基于对中国
社会性质的正确认识,中国革命才开辟出了一条马克思主义与中国实际相
结合的道路,并取得了成功。然而在社会主义建设初期,由于我们对国情缺
乏清醒的认识,才将建设社会主义等同于建成社会主义,忽视了社会主义建
设的长期性,以至于在社会主义建设上片面追求"一大二公三纯"的经济模
式,搞"运动式生产""大跃进""跑步进入共产主义"等极富政治色彩的生产
运动,最终导致社会主义建设遭遇重大挫折。实践证明,我们只有科学理解
马克思主义基本原理,准确把握中国基本国情,运用马克思主义立场、观点
和方法,分析和解决实践中遇到的种种问题,才能充分认识到社会主义建设
的长期性和复杂性,从而掌握社会主义建设规律,进而开辟出适合中国国
情,具有中国特点的社会主义建设道路。

认识国情主要在于要抓住社会的主要矛盾。事物是由矛盾构成,事物
的本质是由其主要矛盾所决定的,抓住事物的主要矛盾必然就能清晰认识
事物。社会主要矛盾决定了国家处于什么样的发展阶段,以及当前国家的
主要任务是什么。搞清楚时下的社会主要矛盾,我们就对国情有了清醒的
认识,自然就能分清工作的主次,从而明确工作的中心。搞错社会主要矛盾
就会造成对国情的错误判断,国家和社会发展就会陷入误区。中国在社会
主义建设初期上所遭遇的挫折,其主要原因就在于没有抓住社会的主要矛
盾,搞错了工作的中心和方向。中共中央早在《关于建国以来党的若干历史
问题的决议》中就指出:"党的领导对形势的分析和对国情的认识有主观主

---

① 《毛泽东选集》(第二卷),人民出版社,1991 年,第 633 页。

义的偏差……这就使得我们没有取得本来应该取得的更大成就。"①在社会主义建设早期，我们党错误地将阶级矛盾视为社会主义建设时期的主要矛盾，导致国家工作中心偏离了发展社会生产力的正确方向，给社会主义建设事业带来了严重损失。抓住了社会主要矛盾就等于找到了问题症结所在，就能有的放矢地对症下药，这样就可避免社会发展走弯路和错路。中国社会主义改革得以顺利推进，其重要原因在于党正确认识了社会主要矛盾，对国情有了清醒认识，进而确立了"以经济建设为中心"的大政方针。同时我们应该看到事物是不断发展的，社会主要矛盾也会随着形势的发展而发生相应的变化，这就决定了我们不能静态化地而要动态化地认识社会主要矛盾。只有这样，我们才能把握好社会主要矛盾的转化，对发展才能始终保持清醒认识，从而有针对性地开展工作、推动改革向前进。

认识国情才能有助于我们脚踏实地进行社会主义建设。国情是对经济社会发展客观状态的判断，我们不能因个人主观意愿而对其拔擢超越，只有清醒认识国情，才能避免急于求成和盲目冒进，才能脚踏实地地建设好社会主义事业。社会主义本是建立在高度发达资本主义基础之上，是对资本主义的完胜，是人类社会历史的高级形态。但应该看到，落后的国家反而率先实现了社会主义革命的胜利，建立了社会主义社会。历史和现实不得不让人们重新认识实践中的社会主义。要对实践中的社会主义作出符合实际的认识，我们必然需要清醒地认识国情。东欧地区的社会主义改革由于没有清晰认识国情，所以在理论上就始终没有搞清楚社会主义到底是怎么一回事，在实践中也就陷入了社会主义建设的盲目和茫然之中。而中国的社会主义改革之所以能取得巨大成就，就在于党从社会性质、发展程度、历史跨度等方面对中国的国情有清醒认识和正确判断：认识到落后国家进行社会主义建设是一个长期的过程，认识到建设社会主义与建成社会主义是两个

---

① 中共中央文献研究室编：《三中全会以来重要文献选编》（下），中央文献出版社，2011 年，第132 页。

不同的概念,认识到商品经济是发展生产力的不可逾越阶段。对国情的准确把握,还要求我们既要看到社会主义建设中取得的巨大成就,又要看到社会主义未来广阔的发展空间。只有这样,我们才能避免社会建设不走改旗易帜的邪路和封闭僵化的老路,从而增强走社会主义道路的信心和定力。所以,对国情的清醒认识,我们既不要妄自菲薄,也不要夜郎自大,而是以科学谨慎的态度判断国情。鉴于社会主义建设的长期性,我们只有仰望星空,始终保持脚踏实地的干劲和持之以恒的意志,才能推进社会主义建设取得更大成就,而要做到这些必然需要对国情有清醒把握。

二、社会主义与世界发展相结合

马克思指出,在生产力水平和科学技术相对落后的国家进行社会主义建设,必须"享用资本主义制度的一切肯定成果"[①]。由此可见,社会主义建设不是孤芳自赏,而需要与世界发展接轨,与时代同进步。十月革命后,列宁将苏维埃俄国的经济社会发展与整个世界经济联系起来。他指出:"社会主义共和国不同世界发生联系是不能生存下去的,在目前情况下应当把自己的生存同资本主义的关系联系起来。"[②]这就意味着在经济上可利用资本主义有益经验建设社会主义。他还说:"如果你们不能利用资产阶级世界留给我们的材料来建设大厦,你们就根本建不成它……要进行社会主义建设,必须充分利用科学、技术和资本主义俄国给我们留下来的一切东西。"[③]毛泽东在探索适合中国国情的社会主义道路时,也谈到了如何对待人类文明优秀成果。他说:"一切民族、一切国家的长处都要学。"[④]学习先进国家的建设经验的目的就是要"来整理中国的,创造出中国自己的、有独特的民族风格

---

① 《马克思恩格斯全集》(第19卷),人民出版社,1963年,第438页。
② 《列宁全集》(第32卷),人民出版社,1985年,第303页。
③ 《列宁全集》(第36卷),人民出版社,1985年,第6页。
④ 《毛泽东文集》(第七卷),人民出版社,1999年,第41页。

的东西"①。

社会主义建设只有大胆吸收人类优秀文化，才能使社会不断得以发展和完善。当今世界全球化趋势不可逆转，时代潮流浩浩荡荡，世界文明纵横融合，"现在的世界是开放的世界"②。在开放的世界中，如果我们国家不对外开放与世界发展接轨，带来的只是贫穷和落后，"关起门来搞建设是不能成功的"③。在全球化时代背景下，社会主义要凸显卓越的理论优势和价值优势，就必须吸取时代精华，与世界发展相结合。事实而言，人类文明的一切优秀文化都是人类社会发展中的宝贵财富。面对20世纪纷繁丰富的世界文化，邓小平就提出要大胆吸收和借鉴人类社会创造的一切文明成果，他指出："社会主义要赢得与资本主义相比较的优势，就必须大胆吸收和借鉴人类社会创造的一切文明成果，吸收和借鉴当今世界各国包括资本主义发达国家的一切反映现代社会化生产规律的先进经营方式、管理方法。"④客观地说，资本主义文化经过400多年的发展，有效地推进了资本主义社会的持续发展，其存在和发展是有合理性和积极作用的，如科技和管理等方面的积极因素值得中华文化借鉴学习。邓小平认为资本主义国家日臻完善的文官制度"在发现人才，使用人才方面是非常大胆的。它有个特点，不论资排辈"⑤。他指出，"闭关自守，故步自封是愚蠢的"⑥。改革开放使中国融入了世界发展潮流，中国的经济社会发展由此焕然一新。我们应该看到，中国要实现中华民族伟大复兴的梦想，中国的发展不仅要与世界发展相融合，而且要与时代同进步，能引领世界发展潮流。

只有与时代同进步，我们的发展才能深度融入国际交往中，从而推动中国走向世界舞台中央。在20世纪90年代，江泽民指出，"面对经济、科技全

①　《毛泽东文集》(第七卷)，人民出版社，1999年，第83页。
②　《邓小平文选》(第三卷)，人民出版社，1993年，第64页。
③　同上，第78页。
④　同上，第373页。
⑤　《邓小平文选》(第二卷)，人民出版社，1994年，第225页。
⑥　《邓小平文选》(第三卷)，人民出版社，1993年，第44页。

球化趋势,我们要以更加积极的姿态走向世界"①。进入 21 世纪特别是加入世界贸易组织后,中国与世界交往更加密切。在党的十七大上,胡锦涛指出科学发展观是"总结我国发展实践,借鉴国外发展经验,适应新的发展要求提出来的"②。实践创新无止境,飞速发展的实践已使世界成了一个"你中有我、我中有你的命运共同体"③。面对纷繁复杂的国际经济形势和全球性问题,习近平指出要"以我之优势对他人之劣势,以他人之优势补我之劣势"④,在此基础上还要"深度参与新的国际经贸谈判和规则制定"⑤。这就意味着我们不仅要主动学习国际经验,而且还要主导国际竞争。这也说明中国在与世界发展接轨中获得的长足发展,实现了发展与时代同进步。这足以说明中国的实力已今非昔比,社会主义建设又上了一个新平台。可见,中国的社会主义改革就是在推进马克思主义中国化的过程中,运用"结合"将中国与世界发展联系起来,这不仅使一度边缘化的中国得以接近世界舞台中央,而且更使得伟大复兴的中国梦不再遥远。

三、社会主义与市场、民主和法治相结合

市场经济为社会主义建设带来了活力,人民民主是社会主义的基本要求,法治是社会主义建设的重要保障。社会主义只有与这三者有机结合,才能保证经济社会结构张弛有力,进而确保经济社会发展持续有力。

社会主义与市场相结合是一个伟大创举。市场经济要求尊重个体权利,从而能较好地调动社会个体的主体性,进而为社会主义建设注入活力。由此可见,市场经济也可称为"权利经济","市场经济就是人得到基本权利的最急切的呼唤者和主张者"⑥。个体权利与市场的自由度和个体可获得利

---

①　《江泽民文选》(第二卷),人民出版社,2006 年,第 26 页。

②　《胡锦涛文选》(第二卷),人民出版社,2016 年,第 622 页。

③　中共中央文献研究室编:《习近平关于全面深化改革论述摘编》,中央文献出版社,2014 年,第 128 页。

④⑤　同上,第 135 页。

⑥　卓泽渊:《法治国家论》,法律出版社,2003 年,第 114~115 页。

益之间成正比关系,个体权利愈大,市场愈自由,市场对资源配置所起的作用就愈大,从而更能促进个体可获得利益的增加。个体利益的获得也是其价值的实现,价值的实现体现在需要的满足,需要的满足将诱导新的需要产生,从而刺激个体产生更多欲望,这样就必然驱使个体致力于提高生产力推进物质生活资料生产,在此基础上逐步实现人的自由全面发展。人们之所以是历史的创造者也正是由于有了权利、获得了利益,激发出人更大的需求。人们不断发展的需求激励人们发展生产力,从而推动社会发展。赋予个体权利实现其利益,有利于社会竞争发展。个体因为赋权有了利益,追求利益的最大化使不同的利益主体在市场中不断竞争。竞争会产生激励机制,从而鼓励先进使先进的生产力胜出,落后的生产力被淘汰,社会由此得到发展。竞争也才会使资源得到有效配置,经济学家认为,"只要给予人们两样东西——自由和竞争,而不考虑任何制度安排,所导致的配置结果(经济核)就是市场竞争均衡"①。因而竞争在市场机制中发挥着至关重要的作用,是实现资源最优配置的保证,这也就合理解释了为什么在引入市场竞争机制后,中国经济就快速发展起来了。

　　社会主义与民主相结合是社会主义的基本要求。社会主义事业是人民群众共有的事业,人民当家作主无疑是社会主义的基本要求。"民主是个好东西"②。资产阶级也正是依靠民主战胜了神权与皇权,打破了人对人的人身奴役,可以说民主是人类社会进化的产物,是文明发展的结果。民主的实践发展,客观上促使了人的解放,民主的价值观念已深入人心,民主已成为衡量一个国家是否实现政治文明的标准。人民是社会的主人,人民当家作主是人对自由追寻的一种表现。这符合人的本质需要,是对人权益和价值实现的最佳体现。所以"民主"作为一种善治手段,彰显的是人的本身价值。虽然民主源自资本主义,但从其效果功用上看也是人类进化的文明成果,绝

---

①　田国强、陈旭东:《中国改革历史、逻辑和未来》,中信出版社,2014年,第138页。

②　俞可平:《民主是个好东西》,《理论参考》,2007年第9期。

非资本主义独享的"专利"。从人类社会进化历程来看,社会主义作为高于资本主义的社会形态,它不仅不会排斥民主,而且会使民主的形式和内容更符合人类的需要,是更优于和更高于资本主义的民主形态。民主使人民有了基本权利,让人民懂得用权利来抗击权力的滥用,使人民能够生活自由,畅快表达和顺利实现自我。所以民主能让人民较好地遏止个人的权欲而避免独裁,从而能防止权力的变质和变性,可以说它是权力的"防腐剂"。东欧的剧变及中国的"文革"悲剧证明,社会缺失民主,会产生巨大的社会风险。由此可知,若社会缺失民主,就没有人民的自由幸福,社会主义也就不可能得以实现。

社会主义与法治相结合是社会主义的基本保障。法治与民主犹如"孪生兄弟",二者不可缺一。缺失法治,群众就会成为"群氓",民主就演变成了"多数人的暴政"。中国的"文革"就是缺失法治的所谓"大民主",其最终酿成了一场社会悲剧。历史的教训值得铭记,缺失法治的民主很可能就是一场人间灾难,群众成了群氓,社会反而陷入长期混乱中。东欧地区社会主义运动的失败教训表明,缺失法治的社会主义运动,只会是昙花一现,造就的是历史悲剧。法治是对人治的完胜,是人类文明的体现。社会主义本是人类文明的高级形态,法治是其内在要求,是确保社会主义运动健康发展的保障。法治作为一种社会思想,构建的是文明秩序,体现出了人对自由生活的向往和追求。拥有权利才会享有自由。人对自由的追求和权利的享有是社会主义的价值体现,因此法治精神与社会主义价值高度吻合,符合社会发展的需要。

社会主义与市场经济体制相结合,也需要法治的"呵护"。市场经济通过市场"看不见的手"对经济进行调整,就必须依据完善的规则构建公平的竞争机制,实现市场对资源的优化配置。法治在市场经济中的作用主要体现在:一是构建正常交易需要的法治环境。法治能理顺政府与市场关系,维护正常的市场秩序,有效化解利益冲突,最大限度保证交易的公平和平等。二是维护市场的合理预期。市场交易的正常进行依赖于人们对规则、制度的信心与预期,只有最大限度地保护这种预期,才能有效实现市场经济体制的正常运转。三是保障社会稳定。只有社会稳定,才能有效保护人身和财产安全,这两项权益得到保证,人们才会有投资的信心、置产的愿望和创业的动力。四是能有效防止市场经济的负面效应。不可否认市场经济在发展经济的同时也释放出了人们对利益的过度追逐欲望,从而对社会产生了消极影响。面对市场经济的负面因素,社会主义建设只有依靠法治才能遏制人的过度欲望,清除社会的"病毒",保障市场经济体制的健康运行。总而言之,只有健全的法制,才能避免人才、智力的外流与财富的流失。

第三节　社会主义改革必须在政治上坚持党的领导

社会主义是人类对美好生活的向往,实现共产主义是以马克思主义为唯一信仰的中国共产党的最高理想和最终目标。当前世界社会主义运动处于一个资强社弱的国际环境中,而且实践中的社会主义制度还需要进一步完善与发展。显而易见,在这样一个环境中,我国进行社会主义建设肯定会遇到相当大的困难和压力。面对困难和压力,我国社会主义改革要永葆定力和活力,就必须坚持中国共产党的领导。任何弱化党的领导的行为必然导致社会主义建设失去"主心骨",改革必将变成改旗易帜。

一、只有坚持党的领导才能确保改革的社会主义性质

社会主义是历史发展的方向,坚持改革的社会主义性质就是确保改革不走弯路和回头路。若改革变成了改旗易帜,那就是历史的倒退。中国的改革开放正是坚持了改革的社会主义性质,才得以让人民群众在改革中不断得到实惠,提高人民的生活水平,改革才获得了人民群众的鼎力支持。

党的性质和使命决定了只有坚持党的领导,才能确保改革的社会主义性质。共产党是马克思主义政党,是用科学社会主义来认识世界和改造世界的政党,这就决定了必须在坚持共产党领导下进行社会主义建设,只有这

样才能使社会主义在实践中持续健康发展。可以说共产党与科学社会主义、社会主义实践是一体的。因为共产党是马克思主义信仰的坚定捍卫者和忠实践行者。科学社会主义作为治世良方，也需要政党来贯彻落实。世界政治是政党政治，不同阶层的利益诉求和主流意识形态的维护都需要政党来实现。马克思、恩格斯在创建科学社会主义的同时，致力于无产阶级政党的创立和组建。他们指出："无产阶级在反对有产阶级联合力量的斗争中，只有把自身组织成为与有产阶级建立的一切旧政党不同的、相对立的政党，才能作为一个阶级来行动。"①他们还身体力行参与组建了世界上第一个无产阶级政党组织——共产主义者同盟。正是有了无产阶级政党，科学社会主义才得以在世界广泛传播，第一个苏维埃政权才得以创建。回顾世界社会主义五百年历程，只有在共产党诞生后，社会主义运动才风起云涌、渐进高潮，可以说共产党的奋斗历史就是一部社会主义发展史。

党的品质特征决定了只有坚持党的领导，才能确保改革的社会主义性质。共产党没有私利，它以人民大众的利益为利益，以实现社会主义、共产主义为己任。共产党的品质特征决定了共产党是人民追求解放、实现幸福生活的领导者和组织者。人民群众是共产党深厚的根基，是其力量的直接来源，共产党与人民群众有着天然的血肉联系，这也正是共产党区别于其他政党的无与伦比的优势所在。社会主义"是绝大多数人的，为绝大多数人谋利益的独立的运动"②，这就说明实现好和维护好广大人民群众的利益是社会主义的本质要求。而实现好、维护好、发展好最广大人民的根本利益是共产党全部活动的出发点和落脚点，可以说共产党的立场、理念与社会主义价值意蕴高度一致，进而决定了社会主义事业的领导力量只能是共产党。中国的革命实践证明，自从有了中国共产党，中国人民追求自由和独立的事业才翻开了新篇章。毛泽东明确指出，中国共产党人就是要"按照社会主义、

---

① 《马克思恩格斯文集》(第三卷)，人民出版社，2009 年，第 228 页。
② 《马克思恩格斯文集》(第二卷)，人民出版社，2009 年，第 42 页。

共产主义的方向"来"改革和建设我们的社会"①,建设一个富强的社会主义国家。中国改革开放之所以既能保持正确的航向又取得丰硕成果,其根本原因就在于坚持了共产党领导。历史和现实证明,只有坚持共产党的领导,我们的社会主义事业才能得以持续推进,人民对美好生活的向往才能得以不断实现。

二、只有坚持党的领导才能确保改革顺利推进

改革不仅是要转变人的思维方式,更是要变革不适应发展的体制机制。这意味着改革不仅要冲破思想观念的障碍,而且要突破利益固化的藩篱。所以改革难,改革的顺利推进必须坚持党的领导。只有在党的集中领导下,才能更好发挥党组织的战斗堡垒作用,从而有利于我们战胜改革中的一切困难。

坚持党的领导,才能形成强有力的领导集体,有利于党掌控大局突破改革的障碍。社会主义建设绝不是"轻轻松松、敲锣打鼓"就能实现的,而是一场异常艰巨和更为艰苦的事业。改革开放初期,解放思想改革破冰启动难;全面深化改革时期,改革要"涉深水区"和"啃硬骨头"则更难。要突破改革的这两个难,我们必然需要强有力的领导集体。只有坚持党的领导,才能形成强有力的领导集体。在改革开放初期,正是在坚持党的领导下,才形成了以邓小平同志为核心的强有力的党中央领导集体。正是在邓小平强有力的领导下,党才确立了"实践是检验真理的唯一标准"的重要认识,进而推动社会解放思想,改革才得以破冰启动。也正是在邓小平强有力的领导下,党才得以在实践中创新了社会主义认识,改革才得以推进发展。当前,国际和国内形势并不平坦。在国内,改革要涉"深水区"和啃"硬骨头",我们党的执政也面临"四大危险"和"四大考验";在国外,世界经济持续低迷,局部冲突此起彼伏,此外美国处处打压中国的崛起。在困难和危险面前,我们只有坚持

---

① 《毛泽东文集》(第七卷),人民出版社,1999 年,第 275 页。

党的领导，才能维护好以习近平同志为核心的党中央权威，从而更能有利于我们党掌控改革局势，确保我们战胜困难推进改革，使我们能从一个胜利走向另一个胜利。由此可见，坚持党的领导是我们战胜一切困难和取得胜利的根本。

坚持党的领导，才能发挥出民主集中制科学高效的制度优势，有利于社会达成共识形成改革的合力。民主集中制的最大特点就是能集中力量办大事、办难事，推动社会高效运转。民主集中制是列宁对无产阶级政党建设的一大贡献。列宁从俄国革命实际出发，为无产阶级政党制定了新型的组织原则——民主集中制，这一制度确保了俄国社会主义革命的胜利。民主集中制有效地实现了民主和集中的统一，在保障民主的基础上，实现了意志的集中，达到了分与和的统一。民主是人类政治文明的象征，是人类社会的必然走向，体现了集思广益，是政党活力和生机的保障；集中是马克思主义政党的品质特征，体现了意志的统一和思想的一致，能汇聚出高度一致的认识，避免了社会的分裂和扯皮，是政党纪律性的保障。毫无疑问，民主集中制既避免我们工作造成重大失误，又有利于社会达成共识形成合力，从而保证决策能高效执行。所以坚持民主与集中的统一，能维护好党和政府的领导权威，做到政令畅通、令行禁止，从而能最大限度调动和运用各类资源，使各项决策部署得到有力执行。这样就确保了顶层设计的有效性。例如，中国改革开放各项决策措施的出台，往往来自基层群众的大胆创新，然后广泛征求社会各个方面的意见，最后形成统一认识。认识的统一，促使改革合力的形成，从而能持续有力推进改革前行。

尽管党的先天优势很强，尤其组织能力是世界其他政党无与比拟的。但"打铁还需自身硬"，党要在改革事业中发挥出至关重要的领导作用，其自身建设必须加强。东欧地区社会主义改革失败的一个很重要的原因就在于党自身建设弱化了，党的建设弱化必然导致党被腐化和党的领导地位被虚化，以致最终造成党被人民所抛弃的历史悲剧。所以坚持党的领导必然需要强化党的自身建设，全面从严治党永远在路上。只有依靠全面从严治党才能永葆党的生机和活力,从而永固党的长期执政地位,进而推进社会主义建设事业的健康发展。

第四节 社会主义改革必须在内涵上彰显人的价值

中国的改革开放实践证明,社会主义建设只有坚持以人民为中心,重视人的价值实现,不断满足人们对美好生活的向往,社会主义建设才能避免重蹈将手段当成目的的覆辙。坚持以人民为中心,也就是要求我们按照人的价值实现角度来理解社会主义,从而有利于把握社会主义真谛,进而促使社会主义建设事业健康发展。

一、人的价值具有多维性特征

什么是价值?学术界主流观点认为,价值是主体对客体的需要,也即是客体对人的一种需要满足,这就是典型的"满足需要说"观点。"满足需要说"价值定义表明,客体属性能满足主体需要,它就有价值,若不能满足主体需要则没有价值。这表明,主体的需要是衡量客体是否具有价值的唯一标准,从而说明客体的自然或自在属性只是价值的载体或质料而已,并非价值本身。这说明人的需要是价值本身。人的需要是多层次的,因此人的价值具有多维性特征。

人的对象化活动决定了人的价值具有多维性。毫无疑问,人首先是自然存在物,但人并非像动物一样与自然具有直接的混同性,动物在自然中的活动不具有对象性,而人的生命活动具有对象性,人在生命活动中会变成自己的意志和意识的对象。马克思、恩格斯认为人的生命活动是一种劳动,是有意识的生产活动,这种活动不但生产自身,也生产整个自然界。这种活动是人的对象化活动,在这种活动中,人的生命本质得到了体现,"人只有凭借现实的、感性的对象才能表现自己的生命"①。人的对象化活动表现的是主体对客体的需要,反映的是主体与客体之间的关系,是一种"关系态"。正是这种"关系态"催生了价值的生成,升华了人的对象化活动意义。由此可见,主体是产生需要的重要因素,客体是为主体服务的,因为离开了人这个主体,主体对客体的需要就不会产生,"关系态"也就不能成立。主体的需要是多样的,呈现不同层次和不同程度的区分,有着明显的时代"标签"、民族"气质"和个体"特性"等区别。主体需要的多样性说明,主体会根据时代变迁主动地了解、发现和创造需要,主动提升自己的需要层次,更新自己的价值需求。主体的需求变化决定了主客体之间满足与被满足的效应关系在不断变化,一定意义上讲,这种变化不仅促使人的价值多维性生成,而且推动了人类社会的进步。

人是自然、精神与社会"一体三维"属性的生物体,其属性特征决定了人的价值具有多维性。人有自然性必然要追求生存价值;人有精神性必然要追求自我实现价值;人有社会性,因而要追求公平正义价值。人的自然属性决定人追求感官物欲满足,这种满足实现人的基本价值,是人生存的基础。社会是由寻求生存、安全、幸福满足的诸多个人组成的集合体,在这个集合体内人需要交往与合作。不同个人在相互合作和交往中会产生一个焦点问题:也就是利益的分配和负担的承担问题。要处理好这个问题,必然就需要公平正义价值进行调节,这也是人作为社会的人所必须追求的价值。亚里士多德提出的交换正义和分配正义,正是社会公平正义的体现。这两个正义促使人在交往中应遵守一定原则和规矩,从而有效降低人在交往活动的冲突危险,确保社会和谐。人的精神性决定了人除了对物欲的价值追求,也要有对美、善、信仰、境界等精神上的价值追求。人对精神和社会的需要,是无法完全用物欲去衡量的,它是对人生追求和人格意义的实现。而人对精神和社会的需要,只有用崇高的价值追求和精神活动去满足。人们正是有

---

① 《马克思恩格斯文集》(第一卷),人民出版社,2009 年,第 210 页。

了崇高的价值需要,才能调控自己对物欲的追求,这才有了人与自然,人与社会的和谐,人才会真正体会到幸福。很显然,从人的"一体三维"性出发,物质欲望、公平正义、崇高追求也就成为人所必须拥有的价值。人生的意义在于践行人的本质,实现人的价值,而人生的丰富多彩,决定了人需要生存、健康、幸福和正义等价值。

二、社会主义是人的价值的最佳体现

只有社会主义才能实现人们对美好生活的向往,只有社会主义才能彰显人价值的多维性特征。社会主义是人类对实现富裕、自由、平等、公平、正义价值的向往与追求,充分体现了人类社会的进步。而以雇佣劳动为基础的资本主义制度,是以剥削为特征的社会,是少数人自由平等的社会,对广大人民群众来说,是"一幅令人极度失望的讽刺画"①。摩尔在《乌托邦》中,对资本主义社会早期"羊吃人"现象进行了生动的描述和辛辣的讽刺,由此开启了社会主义思想之端。此后,随着资本主义的发展,社会主义思潮也在不断地演变。早期社会主义思想家们对未来社会的设想主要在两个维度上:一是物质层面上对富裕生活的向往,二是精神层面上对自由公平正义平等的向往。这些价值在理性上充满了空想成分,主要是单纯应然的正义感,缺乏科学论证,尚未达到成熟的理性高度,但反映了一种精神层面上本能的渴望。科学社会主义作为普遍真理,植根于人们的现实生活基础上,用科学的原理论证了人类社会发展的总体趋势,阐释了人类对未来社会的美好憧憬和向往,体现了人类更高层次的价值实现和需要满足。在马克思、恩格斯看来,未来的社会是"所有人共同享受大家创造出来的福利"②。由此可见,社会主义对于人类社会而言更重要的是实质性的价值实现和精神关怀,不是"以物为本",而是"以人为本"的价值体现,这正是社会主义生命力的源

---

① 《马克思恩格斯文集》(第三卷),人民出版社,2009年,第527页。
② 《马克思恩格斯文集》(第一卷),人民出版社,2009年,第689页。

泉。中国改革开放的成功实践说明,在社会主义发展道路上,我们必须遵循和捍卫社会主义生命力,从不断满足人的需要过程中坚持和发展社会主义。"人民对美好生活的向往,就是我们的奋斗目标"①。简而言之,社会主义就是美好生活,而美好生活是一种物质富裕、社会公正与平等、社会和谐和个人自由的生活。由此可见,物质富裕、社会公正与平等、社会和谐和个人自由可作为社会主义的价值表述。

(一)物质富裕

贫穷绝不是社会主义,社会主义是建立在生活富裕的物质基础上。物质不充裕,生活不富裕,带来的只是贫穷与落后和人心思变。社会主义优越性就在于物质生产程度上要高于资本主义,人民生活更加充足殷实。物质是人类生存的根本和基础,物质生产决定了社会发展的程度。只有物质生产的极大提高,人民才有过上富裕生活的可能。基于此义,全面建成小康社会的要义就在于人民生活水平整体上要殷实,也就是物质上要充裕,从而彻底改变贫穷落后的社会面貌。人是社会主义的核心,关注人的全面发展是社会主义的本质所在。人的生命力就在于人的"精气神"充足。客观而言,人的"精气神"依赖于一定物质保障。所以,物质富裕是社会主义的基础和根本所在。社会主义的物质富裕指的是人民生活共同富裕,绝不是建立在剥削压迫之上的少数人的富裕。而资本主义的富裕是少数人的富裕,这必将撕裂社会,使得社会物欲横流丑恶百出。这正是社会主义与资本主义的一个显著区别。共同富裕强调的是人民大众的富裕,只有人民群众生活水平的普遍提高,社会才会稳定,人心才会思齐。人民群众向往的就是美好生活,人们渴望工作稳定,收入满意,有好的教育和可靠的社会保障,能住有所居和老有所养。由此可见,共同富裕是社会主义的天然使命和必然本质,体现出了个人与集体的统一,彰显出了人类社会的进步。所以物质富裕是社

---

① 中共中央文献研究室编:《习近平关于社会主义经济建设论述摘编》,中央文献出版社,2017年,第19页。

会主义的第一要义。没有人民富裕生活的实现,社会主义只是"乌托邦"。

(二)公正与平等

只有公正与平等才能很好地平衡社会上的各种利益关系,从而保证物质分配的公平和社会的和谐。可以这样认为,公正与平等是社会特权的克星和天敌。"人不患寡而患不均"是中国古代社会最朴素的社会公正平等思想。在西方,亚里士多德认为,在各种德行中"公正是最主要的,它比星辰更加光辉"①。可见,公正与平等是人类社会的共同追求。而资产阶级提倡的公正和平等具有很大的局限性和欺骗性,因为资本主义的公正和平等实质上是论资排辈,无产阶级获得的只是多如牛毛的"空头支票"。社会主义运动是消灭阶级的运动,社会主义公正平等是建立在没有剥削和压迫的社会基础上,必然是真正的公正和平等。"无产阶级平等要求的实际内容都是消灭阶级的要求。任何超出这个范围的平等要求,都必然要流于荒谬"②。在马克思、恩格斯看来,任何超越阶级的平等,都是虚幻的、虚假的平等,只有在消灭阶级的社会主义社会里平等才具有真实的意义。正如恩格斯所指出,"平等应当不仅仅是表面的,不仅仅在国家的领域中实行,它还应当是实际的,还应当在社会的、经济的领域中实行"③。而社会主义是阶级的消失,这就意味着在经济、政治和文化等各个领域,人们才获得了平等的对待和公平的利益。正如马克思所指出,"一切人,或至少是一个国家的一切公民,或一个社会的一切成员,都应当有平等的政治地位和社会地位"④。改革开放以来,我们党勇于拨乱反正,将人从"阶级斗争"中解放出来,不仅实现了人格的平等,而且通过市场经济体制的运行重塑人的权利。党的十九大报告指出,"必须多谋民生之利、多解民生之忧,……促进社会公平正义……保证

---

① 苗力田编:《亚里士多德选集》(伦理学卷),中国人民大学出版社,1999 年,第 103 页。
②③ 《马克思恩格斯选集》(第三卷),人民出版社,2012 年,第 484 页。
④ 同上,第 480 页。

全体人民在共建共享发展中有更多获得感"①。中国特色社会主义进入新时代,只有坚持和秉承社会主义公平与平等的价值理念,才能解决好区域之间、城乡之间发展不平衡问题及资源不充足问题,从而保障人人都享有人生出彩的机会。

(三)社会和谐

马克思在《1844年经济学哲学手稿》中,阐释了未来社会的理想蓝图,是人与自然之间、人与人之间的和谐,他指出:"共产主义,作为完成了的自然主义,等于人道主义,而作为完成了的人道主义,等于自然主义。"②由此可见,社会发展的前景是实现社会的和谐。也可以这样认为,和谐是社会主义社会的"普世价值"。只有阶级消失,人们在经济社会等领域实现地位平等,社会和谐才成为可能,这是千百年来人们孜孜以求的社会理想。从摩尔的"乌托邦"到空想社会主义提出的"和谐社会",再到中国孔子的"和为贵"思想,孟子的"天下为公"大同理想,康有为的"天下大同"美好愿景,这些都已充分说明,对和谐的追求是人类共同的美好向往。和谐不仅是一种理想,更是一种实践。毛泽东曾指出,康有为的大同理想"没有也不可能找到一条到达大同的路",只有"经过人民共和国到达社会主义和共产主义,到达阶级的消灭和世界的大同"③。新中国成立后,在一段时间囿于认识水平和时代环境的局限,我们对社会主义的认识出现偏差,误认为马克思主义只有"革命"的一面,以至于社会建设长期陷入斗争文化泥潭中。改革开放以来,党在中国特色社会主义建设实践中,坚持以经济建设为中心,认识到马克思关于"人与自然和谐,人与社会和谐"的重要意蕴,使我们对社会主义认识回归社会主义本旨,社会主义建设由此步入社会发展正道。党的十七大首次指出:"构建社会主义和谐社会是贯穿中国特色社会主义事业全过程的长期历史

---

①　习近平:《决胜全面建成小康社会 夺取新时代中国特色社会主义伟大胜利——在中国共产党第十九次全国代表大会上的报告》,人民出版社,2017年,第23页。

②　《马克思恩格斯文集》(第一卷),人民出版社,2009年,第185页。

③　《毛泽东选集》(第四卷),人民出版社,1991年,第1471页。

任务。"①党的十八大更是作出"社会和谐是中国特色社会主义的本质属性"②的科学论断,并提出了"加强社会建设,是社会和谐稳定的重要保证,推动社会主义和谐社会建设"③的基本任务。党的十九大报告指出:"完善公共服务体系,保障群众基本生活,……形成有效的社会治理、良好的社会秩序。"④概而言之,社会只有和谐,人心才会思齐,发展环境才会稳定,改革开放才能不断前行。

(四)个人自由

否定个人自由是对社会主义的曲解和误解,其结果导致的是将个体与集体相对立。个人自由体现了社会对人权利的尊重,个人有权利才有实现其价值的可能。个人有自由,人的权利有保障,才会有社会的发展和人类的进步。自由是人与动物的本质区别,动物仅按照本能消极地去适应和利用自然界,"而人却懂得按照任何一个种的尺度来进行生产,并且懂得处处都把固有的尺度运用于对象"⑤。正是因为自由是人的类本质,人类从诞生之日起就追求自由。人类在追求自由的驱使下,从远古走向了现代,人类文明从石器文明进入了信息文明,人类社会已今非昔比。资本主义相对于以往人类社会历史,已将自由发展至一个高级阶段,并提出了自由是人类的普世价值。但应该看到资本主义社会的自由是以资本占有为代价的自由,其实质是以物为枷锁的自由,并不具有普世价值意义。在资本主义社会,科技和理性带来的是人的异化,自由仅仅只是一种政治竞选口号。资本主义制度下的自由无视人民大众利益,促使人们片面追求个人自由,造成了社会唯利是图,带来的是社会两极分化的恶果。而社会主义则将个人自由与社会发

---

① 中共中央文献研究室编:《十七大以来重要文献选编》(上),中央文献出版社,2009 年,第13 页。

② 中共中央文献研究室编:《十八大以来重要文献选编》(上),中央文献出版社,2014 年,第12 页。

③ 同上,第27 页。

④ 习近平:《决胜全面建成小康社会 夺取新时代中国特色社会主义伟大胜利——在中国共产党第十九次全国代表大会上的报告》,人民出版社,2017 年,第45 页。

⑤ 《马克思恩格斯文集》(第一卷),人民出版社,2009 年,第184 页。

展统一起来,是对人的全面关怀。可以说,社会主义对人自由的全面发展,是对以往"神本"和"物本"社会的历史超越,实现的是人本社会发展,体现的是人对自由的追求。

三、社会主义实现人的价值的优势所在

社会主义蕴含的解放和发展生产力要义,共享发展要求和以人民为中心的价值立场,较好地诠释了人们对美好生活的向往。这正是社会主义实现人的价值的优势所在。

解放和发展社会生产力是社会主义的第一要义。马克思、恩格斯认为,生产力是推动社会发展的重要因素,社会主义之所以能战胜资本主义在于其更适宜解放和发展生产力,进而他们作出了"资产阶级必然灭亡和共产主义必然胜利"①的伟大论断。社会主义的首要任务是发展生产力,创造出比资本主义更丰富的物质财富,实现共同富裕,这是社会主义优越性的根本体现。只有解放和发展生产力,创造出更为丰富的物质条件,才能为进入更高级的社会形态奠定基础。从人的自然属性看,人类可看作是物质动物,人类正是依靠创造物质文明走到今天。如果社会发展不注重解放和发展生产力,只追求字面教义,搞"语录"式社会主义建设,"那就只会有贫穷、极端贫困的普遍化;而在极端贫困的情况下,必须重新开始争取必需品的斗争,全部陈腐污浊的东西又要死灰复燃"②。人类历史证明,只有发展生产力才能改变社会,从而推动人类社会历史的变迁。社会主义只有拥有了比资本主义更先进的生产力,才能最终取代和消灭资本主义。马克思、恩格斯始终高度关注发展生产力,在创立科学社会主义理论时,就在《共产党宣言》中指出:无产阶级在上升为统治阶级后,必须"尽可能快地增加生产力的总量"③。当今世界现有的社会主义国家,无一不是在落后的国情上进行社会主义建

---

① 《马克思恩格斯文集》(第三卷),人民出版社,2009 年,第 690 页。
② 《马克思恩格斯选集》(第一卷),人民出版社,2012 年,第 166 页。
③ 《马克思恩格斯文集》(第二卷),人民出版社,2009 年,第 52 页。

设,虽然都走上了社会主义道路,但都尚处于不发达的社会主义初级阶段,人民生活水平总体不高。社会主义建设只有解放和发展生产力,满足人民对物质文化生活的增长需求,不断提高人民的生活水平,让人民群众切身感受到社会主义的福利,社会主义才更具有说服力。所以社会主义"第一要义是发展"。解放和发展生产力,提高人民生活水平,不仅是在当前阶段,而且也是今后社会主义建设的根本任务。同时,这也是社会主义自身优越性的重要体现。

共享发展是社会主义的本质要求。共享是社会主义的本质要求,其内涵就是要实现全民共享、全面共享、共建共享和渐进共享,最终实现共同富裕。共同富裕是社会主义的本质,是社会主义优越性的体现。按照马克思、恩格斯的构想,社会主义消除了阶级之间、城乡之间、脑力劳动和体力劳动之间的对立和差别,这就意味着社会的不公将消失,社会财富是全民共享,人的自由平等将得到真正实现。坚持共享发展逐步实现共同富裕,强调了发展的目的是为了人民和依靠人民,这充分说明了人民才是社会的主人。共享发展实现共同富裕也表明了,经济发展不是以牺牲绝大多数人利益为代价的发展,不是撕裂社会、制造社会对立、形成新的两极分化的发展,而是以追求公平发展、社会和谐为目的的发展。从历史角度来看,人们对共享发展实现共同富裕的憧憬,可以说自古有之。孔子说:"不患寡而患不均,不患贫而患不安。"孟子说:"老吾老以及人之老,幼吾幼以及人之幼。"《礼记·礼运》具体而生动地描绘了"小康"社会和"大同"社会的状态。所以,共享发展实现共同富裕是人类从古至今孜孜以求的梦想,是对人的本性的最好诠释。这就意味着共享发展不仅要发展生产力,而且要缩小收入差距,保护弱势群体,使全体人民共享发展红利,这正是社会主义的本质要求。

以人民为中心是社会主义的价值立场。社会主义运动是反映人民的意志和愿望,满足人民对美好生活的向往与追求,不断推动人的全面发展和社会的全面进步。因此,以人民为中心是社会主义的价值立场。人民是历史的推动者和创造者,人民才是社会的主体。以人民为中心的价值立场要义在于社会发展要始终坚持和不断巩固人民的主体地位,确保人民是物质财富和精神财富的享用主体。只有这样,才能确保解放生产力和发展生产力的出发点和落脚点是为人民谋幸福,才能避免两极分化,最终实现共同富裕。所以坚持以人民为中心的价值立场,确保了社会发展是依靠人民和为了人民。只有这样,社会主义运动才能始终得到人民的支持和拥护,社会主义才会具有强大的生命力和经久不息的永恒动力。社会主义是对资本主义下的人本主义深化与时代发展。人本主义思潮唤醒了欧洲的文艺复兴,是资本主义战胜封建主义的利器,它成就了欧洲的"工业革命",推动人类进入了历史的新纪元。历史和现实都表明,社会发展只能以人为本,才能顺应历史潮流,而任何脱离人民群众的社会运动,不仅不可能发展起来,而且最终将被历史抛弃。社会主义相对于资本主义,是人类文明的更高级形态,就在于它对人本主义有了更实质性的阐释。社会主义以人民为中心的价值立场不仅要求解放和发展生产力,而且还要求实现共享的发展。这样的价值立场就决定了社会主义在内涵上是以实现人的价值为旨归,由此决定了社会主义是人类社会历史的高级形态。故此,社会主义以人民为中心的价值立场是社会主义优越性所在的根本。

结　语

进一步思考的问题

改革开放四十多年,中国已实现计划经济体制的成功转型,建立起社会主义市场经济体制,经济建设取得举世瞩目的成就,其他领域改革也随之不断推进和拓展。中国社会主义改革不仅深刻改变了中国,而且也形成了巨大的国际影响力,是近些年国际社会普遍关注和广泛赞誉的议题。但是我们也应该看到,改革开放中还有诸多问题待解,绕开问题谋发展不是长久之计,直面问题才能解惑,这些问题有微观层面和宏观层面的,微观层面主要涉及改革的具体操作,宏观层面主要涉及改革的性质和出路。本书的结语主要讨论宏观层面的问题,这些问题主要表现在以下几个方面:

一、改革是否导致中国走"中国特色的实用主义"道路

毫无疑问,中国改革开放之所以能发展中国特色社会主义并取得显著成绩,主要原因在于中国特色社会主义建设摆脱了"本本主义"思维模式,坚持实事求是地谋发展。但一些学者认为中国特色社会主义是实用主义,中国的社会主义建设未"按规矩出牌",采取的是功利主义的做法,需要什么就做什么,特别是邓小平的"猫论""发展就是硬道理"等著名论断更是被国外学者看成是实用主义的典型表现。尤其是中国经济快速增长伴生出一些环境污染问题和社会矛盾,使更多的学者开始倾向于认同"中国特色社会主义

的实质是唯国内生产总值(GDP)主义和实用主义,中国走的是'中国特色的实用主义'道路"这一极端化观点。①

认为改革导致中国走"中国特色的实用主义"道路的看法是错误的。实用主义起初是市场经济和资本主义的代名词,中国特色的实用主义说法主要起因于改革开放引入市场经济体制来解放和发展生产力,而传统观点认为搞市场经济就是搞实用主义,就是走资本主义道路。由此可见,"中国特色的实用主义"之说的实质就是否定中国特色社会主义是社会主义,根源在于没有正确理解计划经济和市场经济不是区别社会主义和资本主义的标准,而是经济调控的手段而已;没有正确理解解放和发展生产力是社会发展的首要条件,是改善人民生活的前提。事实上,没有人民生活的改善,社会就不会稳定,社会发展也就成了"海市蜃楼"。应该说,解放和发展生产力是社会的共同追求,不能将解放和发展生产力的手段错误地认为是社会主义与资本主义的区分。目的和手段不能互为绑架,否则社会主义建设将会被束缚,社会发展因此受到局限。发展要以实事求是为基础,明确自身实际是发展的前提。马克思、恩格斯构想下的未来社会就是建立在生产力高度发达的基础上,是超越了发达资本主义制度的一种社会制度。中国的社会主义是建立在生产力较低的社会基础上,是"不合格的社会主义"。只有正确认识到这个现实,才能推进社会主义建设。这个客观现实必然要求社会主义建设的首要任务是解放和发展生产力,只有这样才能推动社会发展,提高人民的生活水平。

从社会发展的客观实际而言,市场经济体制在推动社会生产力上发挥了巨大的作用,马克思在《共产党宣言》中也不得不承认"资产阶级在它的不到一百年的阶级统治中所创造的生产力,比过去一切世代创造的全部生产力还要多,还要大"②。市场在发展生产力上有不可逾越和替代的作用,超越

---

① 郑云天:《国外中国特色社会主义研究评析》,人民出版社,2016 年,第 63 页。
② 《马克思恩格斯文集》(第二卷),人民出版社,2009 年,第 36 页。

市场经济发展阶段的做法既不符合社会发展规律又不符合社会实际需要。建立社会主义市场经济体制目的在于利用市场的手段解放和发展生产力，社会主义较之于资本主义的区别不在于经济发展手段上，而是在于社会主义更加注重社会公平、正义和平等价值的实现，是"以人民为中心"实现共同富裕的社会。显而易见，"中国特色的实用主义"之说的错误在于没有认清市场是发展经济的手段，错误地认为中国的特色社会主义建设是在发展中"见风使舵"，背离传统社会主义道路。

　　世界是联系发展的，这就决定了世界是开放的世界和发展的世界。各国之间互相学习，取长补短，变革不适合的机制体制，这都是符合社会发展规律的。中国的改革开放是顺应世界发展潮流，对外开放的目的主要在于学习各国的优秀经验进行兴利除弊，这并不是在走什么实用主义道路。历史告诉我们长期的封闭导致中国落后，恩格斯将中国视为"一千多年来一直抗拒任何发展和历史运动的国家"①。马克思主义理论揭示了社会发展的一般规律，任何一个国家民族的发展都必须在开放状态下不断解放和发展生产力。特别是在全球化时代下，落后民族国家如不积极响应发展潮流，那终将会被历史淘汰。应该说，当今中国的改革开放正以积极开放的状态不断解放和发展生产力，这也充分体现了马克思主义理论的当代价值。在和平与发展的时代主题下，冷战时的"两个平行经济体制"已被统一的市场经济体制所取代，开放的世界促使中国市场与世界市场连成一体，中国建立市场经济体制实现了与世界经济接轨。历史和现实已经证明，在全球化的今天，任何民族和国家在全球化进程中都没有例外，都必须遵守国际市场规范。由此可见，中国改革开放进行社会主义市场经济体制建设并非是"见风使舵"要否定自己的社会主义制度，而是在全球化时代下，中国必须通过建立和发展市场经济体制来发展市场，进而解放和发展生产力促进社会主义快速发展。

---

① 《马克思恩格斯全集》(第 42 卷)，人民出版社，1979 年，第 472 页。

从中国建设社会主义市场经济体制实际效果来看,中国的改革不仅发展了社会生产力,提高了人民的生活水平,而且创生出了中国特色社会主义理论体系。这是对社会主义理论的丰富和发展,主要表现为:一是创新了市场经济认识。社会主义与市场经济在马克思主义经典作家那里是相互"绝缘"的,而中国的改革开放使得市场经济为社会主义服务,为社会主义所驾驭,打破了市场经济就是资本主义的咒语。邓小平在1979年所说的"社会主义也可以搞市场经济"①,似乎是不经意的一句话,但这实际上是中国在社会主义建设中曲折探索的深刻总结。二是走出了"自我封闭"的建设认识。自我封闭必然导致自我孤立,新中国成立初期中国被迫关闭国门,使得中国发展被"左"的思想束缚,僵化的思想使得体制机制呆滞,严重制约了发展活力。20世纪70年代后期,随着国门的打开,中国愈加认识到现代化建设"主要依靠自己的努力、自己的资源、自己的基础,但是,离开了国际的合作是不可能的"②。实现四个现代化必须"实行开放政策,学习世界先进科学技术"③。三是转换了时代主题认识。社会主义与资本主义"两个世界"的长期对峙起因于列宁对"战争与革命"的时代主题判断,基于历史原因,新中国成立以来中国也长期信守"战争与革命"的原则。但随着冷战结束,旧的世界体系解体,在新的世界秩序构建中尽管有此起彼伏的局部战争,但"制止战争的因素也在增长"④。应该看到,国际上和平力量与日俱增,制止战争的因素远远大于不稳定因素,解决国际纠纷的机制愈加完善和成熟。在这种情况下,对世界时代主题的认识毫无疑问应当从"革命与战争"转向"和平与发展"。

中国的改革开放也不是所谓的以利益为导向的唯"GDP"主义,我们的社会主义改革始终强调的是"以人民为中心"的价值导向,衡量改革的标准就是邓小平提出的"三个有利于"。"三个有利于"标准将社会的发展、人民

---

① 《邓小平文选》(第二卷),人民出版社,1994年,第236页。

② 同上,第233~234页。

③ 同上,第132页。

④ 同上,第416页。

群众的根本利益、生产力认识标准联系在了一起,体现了社会、国家和人民的统一,是实现"国强民富"的重要保障。改革的实践成效进一步印证了"以人民为中心"的价值导向,改革开放四十多年,中国社会各阶层和各利益群体获得的利益是显而易见的。从农村居民人均收入看,1978 年以来,中国农村居民人均纯收入直线上升,从 1978 年的人均纯收入 133.6 元上升到 2015年的 10772.0 元,30 多年的时间增长了 80.6 倍(数据见表 1)。城镇居民人均可支配收入,从 1978 年的 343.3 元上升到 31790.3 元,30 多年的时间增长了 92.6 倍(数据见表 2)。①

表 1　农村居民人均纯收入增长状况

年份	农村居民人均纯收入(元)	年份	农村居民人均纯收入(元)
1978	133.6	2002	2475.6
1980	191.3	2003	2622.2
1985	397.6	2004	2936.4
1990	686.3	2005	3254.9
1991	708.6	2006	3587.0
1992	784.0	2007	4140.4
1993	921.6	2008	4760.6
1994	1221.0	2009	5153.2
1995	1577.7	2010	5919.0
1996	1926.1	2011	6977.3
1997	2090.1	2012	7916.6
1998	2162.0	2013	8895.9
1999	2210.3	2014	9892.0
2000	2253.4	2015	10772.0
2001	2366.4		

---

①　国家统计局网站:《中国统计年鉴 2016》,http://www.stats.gov.cn/tjsj/ndsj/2016/indexch.htm。

表2 城镇居民人均可支配收入增长状况

年份	城镇居民人均可支配收入（元）	年份	城镇居民人均可支配收入（元）
1978	343.4	2002	7702.8
1980	477.6	2003	8472.2
1985	739.1	2004	9421.6
1990	1510.2	2005	10493.0
1991	1700.6	2006	11759.5
1992	2026.6	2007	13785.8
1993	2577.4	2008	15780.8
1994	3496.2	2009	17174.7
1995	4283.0	2010	19109.4
1996	4838.9	2011	21809.8
1997	5160.3	2012	24564.7
1998	5425.1	2013	26955.1
1999	5854.0	2014	29381.0
2000	6280.0	2015	31790.3
2001	6859.6		

　　此外,国家努力发展社会保障事业给予弱势群体以必要的救助与扶持,让其共享改革开放的红利。在城镇居民最低生活保障上,针对城市无收入和低收入这一弱势群体,1999 年,国务院正式颁布《城市居民最低生活保障条例》,劳动和社会保障部又于 2003 年颁布《最低工资条例》。这两个条例的出台,促使各省市依据当地实际制定符合当地实际情况的最低生活保障制度和最低工资收入制度,从而保障了城镇居民最基本的生活需要。随着中国经济实力的增强,缩小城乡差距是必然趋势。自 2006 年起废止《农业税条例》,取消除烟叶以外的农业特产税、全部免征牧业税,在中国延续了两千多年的农业税正式成为历史,中国农村的普遍性收益获得增强。农村弱势群体也获得了国家救助与扶持,自 20 世纪 90 年代起,全国开始试点实施农村居民最低生活保障制度。根据各地试点执行情况,2007 年,国务院颁布

了《国务院关于在全国建立农村最低生活保障制度的通知》在全国推广农村最低生活保障制度,农村最低生活保障制度对救助农村经济困难群众发挥了积极作用。

随着我国经济的快速发展和社会结构的加剧转型,人口老龄化和家庭结构小型化趋势愈加明显,城乡居民养老问题也越来越突出。自 20 世纪 90 年代起,我国就开始探索城镇企业职工养老制度改革,1997 年,国务院出台了《关于建立统一的企业职工基本养老保险制度的决定》。在农村社会养老保险方面,1991 年,开始在全国探索农村社会养老保险,1992 年民政部出台了《县级农村社会养老保险基本方案(试行)》,1995 年国务院办公厅颁布了《国务院办公厅转发民政部关于进一步做好农村社会养老保险工作的意见的通知》。进入 21 世纪,部分地区自 2003 起开始探索"新农保"经验。在此基础上,国务院于 2009 年通过了《开展新型农村社会养老保险试点的指导意见》。在"新农保"试点基础上,根据北京市、天津市、重庆市、浙江省、河南省等地出台了全省(市)统一的城乡居民养老保险政策的试点改革情况,国务院于 2014 年颁布了《国务院关于建立统一的城乡居民基本养老保险制度的意见》,实现了我国建立覆盖城乡全体居民的养老保险制度目标。截至有统计数据年限,我国在 2015 年城乡居民社会养老保险基金支出 2116.7 亿元,比 2012 年的 1149.7 亿元增长 1.8 倍①(数据见表 3)。

表 3 2012—2015 年城乡居民养老保险基金支出

	2012	2013	2014	2015
城乡居民社会养老保险基金支出(亿元)	1149.7	1348.3	1571.2	2116.7

改革的红利是普惠性的,即便是弱势群体也通过国家的二次分配获得了利益补偿,这是改革"以人民为中心"的价值观体现。正是有了人民的普

---

① 国家统计局网站:城乡居民养老保险基金支出,http://data. stats. gov. cn/easyquery. htm? cn=C01.

遍获利,极大提高了人民的获得感,改革才有了更多坚定的支持者,这成为顺利推进中国社会主义改革的重要保证和最大动力。中国的发展用事实证明了对中国改革抱以唯"GDP"主义和实用主义的认识是错误的,中国特色社会主义道路绝不是中国特色实用主义道路。

二、改革是否导致中国走"中国特色的后社会主义"道路

有学者认为,改革开放导致中国走"中国特色的后社会主义"道路,他们把中国特色社会主义看作是一种融合了资本主义与社会主义的新型"后社会主义"(post-socialism)。如阿里夫·德里克认为:"把中国视为一个后社会主义社会,而不单单是一个社会主义、资本主义或新儒教的社会,就会使我们获益良多。"①有学者指出,"尽管中国领导人承诺坚持社会主义,但中国并非正在开创一种社会主义市场经济的新形式,而是已经恢复了一些非社会主义的事物"②。有学者更是指出,中国正在试图走"民主社会主义"或"福利资本主义"的道路,如谢韬就认为中国的社会主义市场经济体制改革、"三个代表"重要思想和保护私有制载入宪法标志着中国踏上的是一条民主社会主义道路。③ 2012 年 7 月,黄沙尘在"共识网"上发表了一篇名为"建设中国特色民主社会主义"的文章,认为"我国的社会主义制度是马克思主义人民主权思想的具体实践,只要我们以马克思主义人民主权思想为武器,真正实现以人民主权为导向,存在的任何问题都可以迎刃而解"④。若以上述视角观察中国的改革开放,那么中国特色社会主义就"不再纯粹"了,而是融入了资本主义元素的一种社会主义。有学者认为,由于中国社会主义改革引入市场经济体制,因此中国特色社会主义是一种能够应对世界挑战的新

---

① 王新颖主编:《奇迹的建构:海外学者论中国模式》,中央编译出版社,2011 年,第 152 页。
② 同上,第 122 页。
③ 参见谢韬:《民主社会主义模式与中国前途》,《炎黄春秋》,2007 年,第 2 期。
④ 胡键:《理解中国的改革》,学林出版社,2015 年,第 237~238 页。

型社会主义（Neo－Socialism）。① 胡键指出："中国特色社会主义的核心思想是民主发展观""是社会主义进入更高级阶段的标志"，是"新社会主义"②。

把中国改革开放看作是中国特色的后社会主义的看法是错误的，错误在于认为中国改革开放背离了科学社会主义大道，把中国特色社会主义当成了资本主义与社会主义的"混合物"。事实而言，中国在改革开放中坚持"一个中心，两个基本点"的国策，在理论和实践上坚持和发展了科学社会主义，中国的改革开放超越了传统社会主义模式，使社会主义建设更接"地气"，强调社会主义与本国国情、时代特征等结合。中国通过改革开放，利用资本主义一些有益东西来发展社会生产力，这不是社会制度的"变色"，而是给社会主义制度注入新的活力。目前，我们仍处于生产力发展水平不是很高的社会主义初级阶段，需要吸收包括资本主义国家在内的先进科学技术和经营管理方式来缩小与发达资本主义国家的差距。资本主义创造的先进技术是人类共同的优秀文明成果，是没有主义和阶级之分的。由此可见，中国的改革开放学习和吸收资本主义国家的先进经验，绝不等于是实行资本主义制度，客观上是社会主义建设的有益补充。外资虽然性质上是资本主义的，但在中国社会主义制度下，实际功效是为社会主义服务，资本的"魔力"已大为削弱，在中国由资本引发的"经济危机"得到了有效遏制。

将中国特色社会主义看成是"另类"社会主义，错误在于混淆了社会主义制度与其具体体制机制之间的区别，对什么是社会主义和怎样建设社会主义没有进行较好的问答。当今时代与马克思、恩格斯、列宁所处时代已截然不同，时代特征发生了很大变化，而且在新科技引领下，资本主义也发生了很大变化，对社会主义的理解不能"驻足不前"，应该与时俱进。在这个问

---

① See Frank N. Picke, "Marketization, Centralization and Globalization of Cadre Training in Contemporary China", *The China Quarterly*, vol. 200（December 2009）, p. 970. 转引自郑云天：《国外中国特色社会主义研究评析》，人民出版社，2016 年，第 55 页。

② 胡键：《理解中国的改革》，学林出版社，2015 年，第 238 页。

题上,邓小平早就指出:"社会主义制度并不等于建设社会主义的具体做法。"①社会主义本质就在于解放和发展生产力,最终消灭剥削实现共同富裕。离开生产力谈社会主义,盲目地从生产关系上理解社会主义,必然会陷入"教条主义"陷阱,重蹈"乌托邦"式社会主义悲剧。为此,邓小平指出:"根据我们自己的经验,讲社会主义,首先就要使生产力发展,这是主要的。只有这样,才能表明社会主义的优越性。"②中国特色社会主义正是以此为基点,紧紧围绕解放和发展生产力这个中心,改革不适合生产力发展的体制机制,创新性回答了 21 世纪如何认识社会主义问题,破解了不发达国家建设社会主义的世界难题,创新和发展了科学社会主义。改革开放四十多年,中国之所以在促进经济快速发展的同时还能保证社会稳定,主要原因在于对社会主义本质有正确的认识。中国特色社会主义的成功,也表明社会主义只有与具体国情和时代特征相结合才有活力。

　　当今世界意识形态多元化发展,存在各种不同的社会主义流派,但这些所谓的社会主义在本质上都是否认马克思主义指导思想的一元化、搞意识形态多元化,否认共产党的领导地位、搞多党轮流坐庄制,否认公有制为主体的社会主义基本经济制度、搞不分主次的"混合经济",否认共产主义远大理想目标、搞所谓的"普世价值"。中国改革开放在革新中坚持了科学社会主义基本原则,绝不是搞其他什么类型的社会主义,而是对科学社会主义的传承和创新。中国改革开放坚持的科学社会主义基本原则主要有:第一,始终坚持将马克思主义作为唯一的指导思想,决定了改革的性质和方向始终是社会主义,改革只是完善和发展社会主义制度,绝非"改旗易帜"。第二,始终坚持社会主义基本经济制度,即坚持生产资料公有制的主体地位不动摇,以其他经济成分为补充。在改革开放中坚持社会主义基本经济制度就是坚持了社会主义本质属性,是确保改革开放"不变色"的重要保障。第三,

---

①　《邓小平文选》(第二卷),人民出版社,1994 年,第250 页。
②　同上,第314 页。

始终坚持中国共产党的领导。坚持共产党的领导确保了我们在改革中能始终坚持社会主义制度。共产党是工人阶级的先锋队,是马克思主义信仰的坚定捍卫者和忠实执行者,只有坚持共产党的领导,才能保证改革的方向和性质不变。东欧地区社会主义阵营的解体原因很多,但不置可否的是它们主动放弃了共产党的领导而"自毁长城"。第四,始终坚持共产主义远大理想。共产主义远大理想是每个社会主义建设者的奋斗目标,是历史唯物主义思想的体现。虽然实现共产主义是一个漫长的过程,但这是中国共产党人矢志不渝的奋斗目标,是马克思主义执政党的最高品质体现。以上四点是中国改革开放所坚持的基本原则,体现了科学社会主义的基本特征,也直接证实了中国特色社会主义就是科学社会主义,而不是什么其他类型的社会主义。

三、改革是否导致中国走"新全球主义意识形态"道路

2018 年,郑永年在《中国的文明复兴》中指出在全球化时代下,形成了新全球主义意识形态,而中国的改革开放也使意识形态成功转型,以适应全球化进程。中国共产党付出了极大努力试图容纳全球化,如变革其意识形态标准及吸收企业家入党。[①] 在郑永年看来,中国的改革开放使中国融入全球化,进而调整中国这个社会主义国家与资本主义国家的关系,这是意识形态的改革,特别是修改党章允许私人企业主入党,改变了党的阶层结构,这一系列变革意味着中国的意识形态正倾向"全球主义意识形态"。另一方面,郑永年又认为:"中国崛起到今天,中西方之间在意识形态领域的分歧不仅没有在缩小,反而在扩大。"[②]近年来中美之间的争端源于意识形态之争,而意识形态方面的争执必然会波及经济贸易领域,"中国在美国的很多投资项目(无论是国企还是民企),都被美国以'国家安全'的理由而拒绝"[③]。曾经

---

① 参见郑永年:《中国的文明复兴》,东方出版社,2018 年,第 60 页。
② 郑永年:《中国的文明复兴》,东方出版社,2018 年,第 74 页。
③ 同上,第 75 页。

美苏之间发生意识形态领域的冷战，直接导致苏联解体，美国全赢。在郑永年看来，为避免步苏联后尘，中国必须加紧意识形态建设，避免中西方意识形态冷战。目前，中国通过改革开放使经济发展空间大大扩张，那么各个社会群体在同一过程同一时间段获得不同的利益，这就导致了利益的分化，必然使意识形态多元化，呈现出百花齐放的局面。于是，思想界涌现出了各种主义，例如"左派主义""右派主义""保守主义""民族主义"等，还有从西方进口的各类"洋主义"，以致各种宗教也乘机"潜入"中国。郑永年认为，面对利益分化和思想多元化的形势，当今中国需要建设国家意识形态，也就是一种新的全球主义意识形态，其实质也就是要找到各类思潮的"最大公约数"，并使其"合法化"。然而当前的国际争端背后并非单纯的意识形态之争。改革开放以来，中美进入"蜜月期"，而意识形态相同的中越却爆发了长达十年的边界冲突。苏联的解体也并没有让美俄"纷争息止"，反而在中东和东欧"擦枪走火"。事实说明，国与国之间更多的是利益冲突。

改革开放四十多年，当今中国的一些社会问题在很大程度上是由主流意识形态弱化引起的。如近年来出现的大面积"塌方式"腐败案件，都暴露出意识形态弱化导致党员干部信仰丧失的问题，但这些问题并不能用构建"全球主义意识形态"去解决。主流意识形态弱化会产生很多严重的问题，党员干部的意识形态弱化，就会丧失"精神上的钙"，形成各种各样的思想意识，如西方自由主义、民族主义、宗教思想甚至相信迷信，更严重的是人被各类主义腐化，导致私欲膨胀，利欲熏心走上不归路。主流意识形态弱化，也使得儒学兴起。诚然，儒学提倡回归美德和道德价值，有一定价值意义，但其暗含的"贤人政治"实则是"人治"和"复古"，这与现代的"法治"思想相违背。社会缺乏主流意识形态，人民大众就容易被不同的思潮分化，就容易导致社会混乱，各类社会问题就会频发。更为严峻的是，主流意识形态弱化导致党的执政合法性和国家社会制度受到质疑，如用西方的话语或者复古、极左思想去解释中国的政治建构，必然就显得"格格不入"，进而消解政权的权威性。全面深化改革需要凝聚共识，但凝聚改革共识绝不是"和稀泥"，寻求各种思潮的"最大公约数"，而是要旗帜鲜明地维护主流意识形态，用主流意识形态占领社会。

假若中国未来的道路是"新全球主义意识形态"道路，那就意味着淡化马克思主义意识形态，丧失马克思主义思想一元化的指导地位。中国共产党性质是马克思主义指导下的无产阶级政党，离开了马克思主义的指导，中国共产党就失去了精神支柱。在这方面，东欧剧变为我们提供了深刻的教训。东欧社会主义阵营曾经风景这边独好，是世界上能遏制西方势力扩张的唯一力量，却在一夜之间崩塌，原因固然是多方面的，但抛弃了马克思主义的指导思想奉行思想多元化，搞所谓的"新思维"则是关键性原因。有一种观点认为，东欧剧变源于改革，是改革葬送了东欧社会主义阵营。实则不然，不进行改革，东欧社会主义阵营也面临困境，是现实逼迫东欧改革。但东欧改革没有形成马克思主义本土化的指导思想，反而是直接引进西方各类思想，搞混人们的思维意识，使马克思主义丧失了主流阵地，在错误思想一而再，再而三地攻击下，东欧社会主义阵营则土崩瓦解。历史和现实证明，抛弃马克思主义指导思想，改革就会陷入误区。同样，不用发展的马克思主义而用僵化的马克思主义作为行动指南，社会主义最终仍会失败。因此，认为中国的改革会走"新全球主义意识形态"道路，实际上意指中国改革抛弃了马克思主义指导思想。历史经验告诉我们，抛弃了马克思主义指导思想会使中国走上绝路。中国的社会主义改革使社会主义焕发出勃勃生机，并没有走上绝路，反而走出了社会主义发展的新路，这说明了认为中国改革会走"新全球主义意识形态"道路的观点是错误的。

四、中国特色社会主义新时代改革如何开启新窗口

中国特色社会主义进入新时代，改革如何开启新的窗口？党的十八届三中全会对全面深化改革进行了顶层设计，明确指出改革的总目标是完善和发展中国特色社会主义制度，推进国家治理体系和治理能力现代化建设。由此可以看出，国家治理体系和治理能力现代化建设是政治体制改革的方

向和目标,也是全面深化改革的关键所在。党的十八届三中全会出台的《中共中央关于全面深化改革若干重大问题的决定》提出,市场要对资源配置起决定性作用,要理顺政府与市场的关系,定位好政府的角色,这就意味着国家治理体系和治理能力现代化建设的一个重要目标是政府自身的改革,也就是要回答好如何建设政府和建设什么样的政府的问题,这将是未来改革发展的重要目标。《中共中央关于全面深化改革若干重大问题决定》明确指出,要建立法治政府和服务型政府,这就是对新时代政府角色的新定位,目的在于促使政府构建良好市场环境,为经济发展服务,从而推动经济再次快速发展。建立法治政府必然要求政府管住权力、敬畏权力和慎用权力,始终保持廉洁奉公,保持清廉形象。建立服务型政府必然要求政府转变观念,主动"瘦身",始终做到高效便民,保持亲民形象。

（一）建设法治政府,主要在于健全与完善权力制衡与监督机制

建设法治政府主要在于健全与完善权力制衡与监督机制,只有这样才能剑指"特权"与腐败,纯洁权力以建立清廉政府。权力是人类社会特有的一种力量,是维系社会秩序的基本要素。权力是一把"双刃剑",既有积极作用也有消极作用。用好权力就能推动社会发展,增进社会福祉,保障人民幸福。反之,它会阻碍社会进步,损害人民利益,成为社会公害,这也正是纯洁权力,建设法治政府的重要原因。英国早期自由主义思想家托马斯·霍布斯曾运用著名的"利维坦"来比喻权力,意指强有力的国家和政府能维护好社会秩序,从而避免进入"战争状态"。此后,政治学家就开始思考如何控制"利维坦"这只怪兽,想方设法限制政府权限、管住政府权力。历史事实表明,如火如荼的社会主义运动之所以陷入低谷,苏联这个社会主义大国之所以由一个世界超级大国陷入亡党亡国的悲惨命运,其中一个重要教训就在于没有管住权力。无约束的权力必然导致腐败,权力也就成为社会公害,以致在社会上形成了一个"特权"阶层。权力无制约,就会使得党和政府严重脱离人民群众,从"人民的公仆"质变为"人民的主人",大搞腐化堕落,进而经济凋零、社会发展迟缓。权力最终也使得执政党和政府被历史和人民共

同抛弃。苏共执政近 70 年,作为一个世界超级大国,权力是如何走向蜕化和变质的呢? 国内经济学家黄苇町认为:关键是苏共没有真正贯彻民主集中制的原则,党和国家领导人缺少权力监督,权力结构缺少制衡。[①]

改革开放以来,邓小平在 1980 年发表了著名的《党和国家领导制度的改革》重要讲话,由此拉开了政治体制改革大幕。此次政治体制改革主要还是以分权制衡为原则,目的在于管住权力的"专制",开启正常的政治生活。在邓小平的分权制衡思想下,人大、政府、法院和检察院都获得了相对独立地位,有了自己各自的权限。中央也将一定财政权、人事权和立法权予以下放,使得地方有了自己的权限,最有代表性的就是特区获得"特权"。政府下放管理权限,赋予企业更多自主权。在权力制衡上,形成了中国共产党领导下的立法权、行政权和司法权分置的权力机制。这种权力制衡机制强调的是权力之间的监督,与西方的三权分立着重权力的牵制,有着质的区别。从实践效果看,我国的权力制衡机制符合我国国情,有效防止了专权,促使经济腾飞和市场经济体制的建立。在辉煌的经济成就面前,我们也不得不承认政治体制改革没有跟上经济发展的速度。权力腐败愈演愈烈,权力制衡结构还需要进一步改革,权力监督还存在盲区。要实现"两个一百年奋斗目标",只有深化权力制衡机制改革,才能"加强对权力运行的制约和监督,把权力关进制度笼子里,形成不敢腐的惩戒机制、不能腐的防范机制、不易腐的保障机制"[②]。"把权力关进制度笼子里"主要是解决"如何关"的问题,也就是要靠进一步深化权力制衡机制改革。在新时代,如何深化权力制衡与监督机制改革,解决将权力"关进笼子里"的问题。对此,刘俊杰认为,发展党内民主是关键,改革和完善党的执政体制,进一步完善党内选举制度,完善人民代表大会制度,加快行政管理体制改革,完善司法独立体制。[③]

---

① 参见刘俊杰:《当代中国权力制衡结构研究》,中共中央党校出版社,2012 年,第 96 页。
② 《习近平谈治国理政》(第一卷),外文出版社,2018 年,第 388 页。
③ 参见刘俊杰:《当代中国权力制衡结构研究》,中共中央党校出版社,2012 年,第 164～180 页。

（二）建设服务型政府，主要在于转变政府职能

建设服务型政府，转变政府职能，不仅是落实"全心全意为人民服务"宗旨的需要，也是现代社会政治文明具体实践的需要，更是促使经济发展的需要。建设服务型政府体现了以人民为中心的思想。传统型政府的执政思想是"官本位、政府本位、权力本位"，政府职能主要在于维护统治秩序和对社会实施管制，挤压的是公众和社会的主导性和自主空间。相对而言，服务型政府树立的是"民本位、社会本位、权利本位"执政思想，其要义在于承认社会的主体是人民，人民才是国家的主人，尊重人的自由空间和个体能动性。服务型政府的逻辑起点在于政府权力是人民权利的让渡，其目的在于实现社会公共利益的最大化，其精髓是人民的利益永远至上，为人民服务是政府的永恒天职。服务型政府的权力是人民手中的权力，政府行使权力是为公众提供更好的服务，而非以管制和服从为目的。可以说服务型政府消解的是官僚危害，政府不再是凌驾于社会之上的官僚机构，在某种意义上，更像是负责任的"公益事业"组织，公民是其"顾客"。作为"公益事业"组织的政府，更多的是为社会提供公共资源配置，满足公民的多种需要。服务型政府开展工作主要以公众需求为导向，因为只有被人民需求驱动的政府，才能提供满足人们正当需求的公共服务。事实而言，人民的需求是推动社会进步的重要因素，人的需求满足其本质是人的价值实现。由此可见，服务型政府契合人的本质发展，是人性的复归，是社会进步的表现。

建设服务型政府必须"瘦身"政府。在计划经济体制模式下，政府是全能政府，"包办"一切，包揽了原本由企业、社会、中介机构甚至个人所做的事，以致政府"臃肿"而导致运作成本高。1978—2006 年，中国行政管理支出从 49 亿元增长到 5639 亿元，在不足 30 年间增长了 115 倍；人均负担的年行政管理费用由不足 5 元增长到 429 元，增长了 80 多倍。而同期中国的财政支出增长 36 倍，国内生产总值增长 59 倍。显而易见，行政支出费用膨胀远超这两者，行政管理支出已成为居民的沉重负担。相比而言，同期中国抚恤和社会救济支出占财政支出的比重只提高了 0.5%，国防、科技和农业支出

占财政支出的比重分别下降了 1.8、1.2 和 0.4 个百分点。① 也就是说，政府的行政管理成本挤占了科教文卫医等社会保障公共资源，就必然地侵害了人民的基本利益。改革开放以来，中国的行政体制改革也一度经历从精简到膨胀，以致再精简、再膨胀的怪圈，使行政成本居高不下，过高的行政成本饱受社会诟病，这也一直困扰着中国行政体制改革。因此就必然要求削减行政审批事项和紧控政府财政支出，约束政府运作成本，从而达到建设服务型政府的目的。

此外，建设服务型政府也要求转变政府管理方式，学会与社会进行协商。建设服务型政府，就要使政府行为从单向度的管理模式转变为双向度的协商模式，这就充分保障了人民群众的知情权和参与权。政府也只有学会和善于协商，才能更好地为人民群众提供公共产品服务。政府与社会协商首先要求政府"透明"，也就是要求政府信息公开，不能"暗箱"操作。尽快完善政府信息公开法、保密法等相关法律法规，建立与之相关的配套法律制度，从法律层面上保障公众的"知情权"，这是对人民大众权益的尊重。要保证政府的"透明"，必然要求自上而下畅通政府信息的流通机制与反馈机制。只有保障这两套机制的管道畅通，才能切实保证政府和群众的有效沟通，达到政府信息公开的目的。信息的公共、透明以后，权力必然阳光化，用权必然谨慎，各类有关权力的谣言必然也被公开的信息所终止。其次，政府"协商"行事，必然要求有效实施重大事项的听证，保证民众的政治参与，这是政府与社会进行协商的重要方式。"兼听则明，偏信则暗"，听证制度的建立有利于政府"倾听"，是政府实施双向度协商的重要形式，要保证这一形式的有效性必然要杜绝形式上的"听证"。因此听证一定要保证听证的程序设计要科学合理，既要使民众广泛参与，又要体现决策事项的专业性，才能切实维护民众的根本利益。最后，政府与社会"协商"办事，更需要公众的广泛参与。社会的快速发展也使得人民群众对社会的公共需求激增，政府公共服

---

① 参见胡键:《理解中国的改革》,学林出版社,2015 年,第 19 页。

务供给也面临短缺的境地。人民群众的广泛参与有利于使公共服务供给更符合人民群众的真实需求，并促使它借助市场和社会的力量实现多层次和多维度的供给保障。人民群众的广泛参与保障了社会信息的及时反馈，为政府公共政策的出台提供了依据，也是政府提供服务质量的"晴雨表"，从而有利于督促政府改进公共服务质量。

五、中国的社会主义改革强调的是"中国特色"

中国改革开放无疑是成功的，取得了巨大成就，中国坚持走自己的路，而且这条路既不故步自封，也不是"复制"西方路径，而是一条具有中国特色的社会主义康庄大道。这条大道融汇"中西马"文化精髓，体现中国特色，也正是这些"特色"勾画出了中国这边风景独好的美好画卷，而且也使得世界社会主义运动有了新的希望。

什么是中国特色？中国特色就是体现中国与其他国家的不同之处，而这不同之处也恰恰正是助推中国腾飞之处。在对中国特色社会主义的认识上，徐崇温认为中国特色就"是同中国的具体国情、时代特征相结合的社会主义"①。这个观点是正确的，先进的社会制度碰到了落后的生产力，制度与生产力发生了错位，如何实现错位发展，靠千篇一律的"教条"是死路一条，只能实事求是走自己的路，也就是由国情和时代特征决定道路，这也正是特色所在。具体而言，中国特色主要体现在以下四个方面：

一是政治特色。中国的政治特色在于实行中国共产党领导下各民主党派参政议政，进行协商民主的政党制度。改革开放后，中国共产党汲取"文革"的惨痛教训，恢复民主党派活动，重新确立了中国共产党的领导、各民主党派参政议政的政治制度，并将其关系确定为"长期共存，互相监督，肝胆相照，荣辱与共"。今天中国的政党制度，有别于西方政权的"轮流坐庄"制，没有执政党与在野党之分，也有别于苏联的"一党制"。中国的民主政党不是

---

① 徐崇温：《中国特色社会主义研究》，中国社会科学出版社，2012 年，第 261 页。

在野党,更不是反对党,而是参政党,对政权有着建言建策作用,这样的政党角色定位和政党制度更有利于政权团结,避免了撕裂社会的可能,也避免了搞"一言堂"的危险。中国今天的政党制度既有历史因素,也有现实需要。中国的民主党派在历史上就曾与中国共产党有过亲密合作,鼎力支持过中国的革命事业,参与了中国共产党建政的全过程,忘记民主党派就等于背叛历史,对民主党派的参政安排既是对历史的尊重也是现实的需要,有利于社会的团结,能促使社会各界人士同心同力搞建设谋发展。中国共产党领导下的各民主党派参政议政,不但避免了苏联"一党制"下的"独裁",而且创生出了协商民主的特色民主制度,这样就既使政治有民主,又防止了党派之间的"扯皮"与"内耗",社会就可以效率与稳定并行。事实证明,中国的政党制度是中国经济腾飞的重要推手,不仅使中国的各项改革举措得到社会认同,保证社会稳定,而且也使社会高效率地运转,开辟了世界政治文明新方向。

二是经济特色。建设社会主义市场经济体制是中国改革开放最具特色之处。社会主义市场经济体制其目的在于发展生产力,消灭剥削和两极分化,最终实现"共同富裕",进而推动社会发展。社会主义市场经济体制重视社会的统筹协调发展,注重经济的宏观调控管理。改革开放四十多年实践证明,中国的社会既没有出现"经济危机",反而在 1998 年亚洲金融风暴和 2008 年世界金融危机前,中国表现出了极佳的危机处置能力,社会主义制度的优越性让中国成功驾驭住了资本的"魔力"。与社会主义市场经济体制相对应的就是改变传统的"纯而又纯"的社会主义基本经济制度,建立社会主义"公有制"为主体、多种所有制经济共同发展的社会主义基本经济制度。毫无疑问,这个经济制度绝不是西方所推崇的"混合经济"制度,而是坚持了"公有制"经济的主体地位,其他经济成分只是公有制经济的有益补充。可以说这不仅是我们改革开放的一大亮点,而且是对社会主义理论的重大贡献。

三是文化特色。改革开放,使得中国文化发展迎来了新春天。"中西马"文化融合发展,既为中国注入了新的生机活力,又成为中国发展的一大特色。中国传统文化绵延数千年，是维系中国社会永续发展的"遗传基因"。中华文化不仅曾缔造出璀璨的中华文明，而且也是东亚文明的重要来源，在世界历史上有着深厚的历史积淀。但近代以来，在西方工业文明面前，中华传统文化遭遇了千年未遇的危机。面对文化危机，走"全盘西化"和纯"马克思主义"道路已证明是行不通的。只有正确面对"中西马"文化，才能创生出中国特色社会主义文化，中华民族才有复兴的可能。中华传统文化中的"和而不同""礼之用，和为贵"等"和谐"思想对于今天仍有重大意义。"民主"与"法治"是西方文化的精髓，这也正是中华文化的"软肋"。"马克思主义文化"中对世界的辩证分析和历史前进方向的指引，是对文化的洗礼和价值提升。世界文化丰富多彩，良莠不齐，所以只有将"中西马"文化的精髓进行融合吸收，才能为我国社会主义建设所用，走出具有中国特色的社会主义文化之路。世界文明多样性发展，面对纷繁复杂的世界，只有以开放的姿态和包容的心态汲取世界文化之长，补自身文化之短，集世界文化之精髓，才能适应多样化的世界发展，也才能使文化"长青"。

四是实践特色。中国改革开放建立社会主义市场经济体制，绝不是俄罗斯的"休克疗法"，而是被称为"渐进式"改革。这种"渐进式"改革实践的最大特点就是能积累经验，成熟一个推广一个，这样就避免犯颠覆性错误，不至于改革崩盘，导致全盘皆输。"渐进式"的改革节奏也容易让改革被世人所接受。改革不仅是体制机制变革，也是人的生活习惯和思维意识的改变。要让众人接受新生事物，改变原有的"存量知识"是一个渐进过程。"急转弯"或"一夜之变"式改革带来的只是社会动荡和国家解体，东欧社会主义阵营的改革就是前车之鉴。实践证明，中国的"渐进式"改革恰好起到了改革、发展与稳定的平衡作用，让社会在稳定中变化，在变化中得以发展。由此可见，这种改革方法不仅是中国的特色，也正是中国改革开放四十多年的成功之处。

五是意义特色。改革开放四十多年走出了具有中国特色的社会主义道路，在社会主义建设中取得了举世瞩目的成就，具有伟大的实践意义。中国的改革在世界现代化建设史上创造了一个"中国奇迹",仅用了三十多年时间,使中国从一个贫穷落后的国家发展成世界经济第二大体,成为促进世界经济增长的重要一极。更为重要的是:第一,中国通过改革开放,在理论上发展了马克思主义学说、丰富了社会主义理论,在实践上开辟了社会主义发展新道路、走出了意识形态误区;第二,中国通过对外开放,积极融入世界大家庭,"取长补短"快速发展,不仅逐步接近世界舞台中央,而且也为世界贡献出了"中国经验""中国方案";第三,中国通过参与全球化竞争与合作,已成为全球化贸易体系中的攸关方,利益表达的途径和方式更加多样化,这样就客观上降低了"热冲突"的危险,也开启了与资本主义国家交往的新方式。这三个方面不仅造就了"中国奇迹",而且启示了社会主义建设新方向。

主要参考文献

一、经典著作

1.《马克思恩格斯选集》(第一——四卷),人民出版社,1995年。

2.《马克思恩格斯选集》(第一——四卷),人民出版社,2012年。

3.《马克思恩格斯文集》(第一——十卷),人民出版社,2009年。

4.《马克思恩格斯全集》(第18卷),人民出版社,1964年。

5.《马克思恩格斯全集》(第46卷),人民出版社,1979年。

6.《列宁选集》(第二卷),人民出版社,1995年。

7.《列宁全集》(第11卷),人民出版社,1987年。

8.《列宁全集》(第29卷),人民出版社,1985年。

9.《列宁全集》(第36卷),人民出版社,1985年。

10.《列宁全集》(第41卷),人民出版社,1986年。

11.《毛泽东选集》(第二卷),人民出版社,1991年。

12.《毛泽东选集》(第四卷),人民出版社,1991年。

13.《毛泽东文集》(第六卷),人民出版社,1999年。

14.《毛泽东文集》(第七卷),人民出版社,1999年。

15.《毛泽东文集》(第八卷),人民出版社,1999年。

16.《周恩来选集》(下卷),人民出版社,1984年。

17.《刘少奇选集》(下卷),人民出版社,1985年。

18.《邓小平文选》(第一卷),人民出版社,1994 年。

19.《邓小平文选》(第二卷),人民出版社,1994 年。

20.《邓小平文选》(第三卷),人民出版社,1993 年。

21.《江泽民文选》(第一——三卷),人民出版社,2006 年。

22.《胡锦涛文选》(第一——三卷),人民出版社,2016 年。

23.《习近平谈治国理政》(第一卷),外文出版社,2018 年。

24.《习近平谈治国理政》(第二卷),外文出版社,2017 年。

二、文献著作

25. 中共中央党校科学社会主义教研部编:《社会主义论丛 2015》,中共中央党校出版社,2016 年。

26. 中共中央文献研究室编:《三中全会以来重要文献选编》(上),中央文献出版社,2011 年。

27. 中共中央文献研究室编:《三中全会以来重要文献选编》(下),中央文献出版社,2011 年。

28. 中共中央文献研究室编:《十八大以来重要文献选编》(上),中央文献出版社,2014 年。

29. 中共中央文献研究室编:《十八大以来重要文献选编》(下),中央文献出版社,2014 年。

30. 中共中央文献研究室编:《十二大以来重要文献选编》(上),中央文献出版社,2011 年。

31. 中共中央文献研究室编:《十二大以来重要文献选编》(中),中央文献出版社,2011 年。

32. 中共中央文献研究室编:《十六大以来重要文献选编》(上),中央文献出版社,2005 年。

33. 中共中央文献研究室编:《十六大以来重要文献选编》(下),中央文献出版社,2011 年。

34. 中共中央文献研究室编:《十六大以来重要文献选编》(下),中央文献出版社,2008 年。

35. 中共中央文献研究室编:《十六大以来重要文献选编》(中),中央文献出版社,2011 年。

36. 中共中央文献研究室编:《十七大以来重要文献选编》(上),中央文献出版社,2009 年。

37. 中共中央文献研究室编:《十七大以来重要文献选编》(下),中央文献出版社,2013 年。

38. 中共中央文献研究室编:《十三大以来重要文献选编》(上),中央文献出版社,2011 年。

39. 中共中央文献研究室编:《十三大以来重要文献选编》(中),中央文献出版社,2011 年。

40. 中共中央文献研究室编:《十四大以来重要文献选编》(上),中央文献出版社,2011 年。

41. 中共中央文献研究室编:《十四大以来重要文献选编》(下),中央文献出版社,2011 年。

42. 中共中央文献研究室编:《十五大以来重要文献选编》(上),中央文献出版社,2011 年。

43. 中共中央文献研究室编:《十五大以来重要文献选编》(下),中央文献出版社,2011 年。

44. 中共中央文献研究室编:《邓小平年谱(1975—1997)》(上),中央文献出版社,2004 年。

45. 中共中央文献研究室编:《邓小平年谱(1975—1997)》(下),中央文献出版社,2004 年。

46. 中共中央文献研究室编:《邓小平思想年谱(1975—1997)》,中央文献出版社,1998 年。

47. 中共中央文献研究室编:《习近平关于全面深化改革论述摘编》,中央文献出版社,2014 年。

48. 中共中央文献研究室编:《习近平关于社会主义经济建设论述摘编》,中央文献出版社,2017 年。

49. 中共中央宣传部:《习近平总书记系列重要讲话读本》,学习出版社、人民出版社,2014 年。

50. 中央编译局编:《改革开放与中国特色社会主义》,人民出版社,2016 年。

三、中文著作

51. 曹普:《当代中国改革开放史》(上),人民出版社,2016 年。

52. 曹普:《当代中国改革开放史》(下),人民出版社,2016 年。

53. 陈洪玲:《中共推进马克思主义时代化研究》,人民出版社,2015 年。

54. 陈先达、杨耕:《马克思主义哲学原理》,中国人民大学出版社,2010 年。

55. 陈学明:《中国道路为世界贡献了什么》,天津人民出版社,2017 年。

56. 高清海:《找回失去的"哲学自我"——哲学创新的生命本性》,北京师范大学出版社,2004 年。

57. 高尚全:《改革历程》,经济科学出版社,2008 年。

58. 高尚全:《人民本位论》,人民出版社,2012 年。

59. 高尚全:《中国改革新论》,人民出版社,2012 年。

60. 韩保江:《中国奇迹与中国发展模式》,四川人民出版社,2008 年。

61. 侯惠勤:《中国道路和中国模式》,社会科学文献出版社,2015 年。

62. 胡键:《理解中国的改革:当代中国社会主义现代化理论与实践研究》,学林出版社,2015 年。

63. 姜文泽:《改变:回望中国改革开放的三十年》,中国华侨出版社,2009 年。

64. 姜中才:《中国道路与第三条道路——比较与反思》,辽宁教育出版社,2016 年。

65. 李德顺:《价值论》,中国人民大学出版社,2007 年。

66. 刘俊杰:《当代中国权力制衡结构研究》,中共中央党校出版社,2012 年。

67. 刘玉瑛:《中国共产党执政公信力建设研究》,中共中央党校出版社,2015 年。

68. 刘昀献:《当代社会主义的历史走向》,河南大学出版社,2014 年。

69. 罗建文、周建华:《民生幸福——中国特色社会主义的价值追求》,中国人民大学出版社,2017 年。

70. 马立诚、凌志军:《交锋——中国三次思想解放实录》,今日中国出版社,1998 年。

71. 马立诚:《交锋三十年》,江苏人民出版社,2008 年。

72. 毛瑞福:《趋归——社会主义为什么行》,东方出版社,2015 年。

73. 潘维编:《中国模式:解读人民共和国 60 年》,中央编译出版社,2009 年。

74. 邵维正、范继超主编:《改革开放——发展中国特色社会主义的必由之路》,人民出版社,2008 年。

75. 陶承德等:《科技革命与战后资本主义社会的新变化》,新华出版社,1998 年。

76. 陶坚、林宏宇主编:《中国崛起与国际体系》,世界知识出版社,2012 年。

77. 田国强、陈旭东:《中国改革历史、逻辑和未来》,中信出版社,2014 年。

78. 王伟光:《改革开放和中国经验》,社会科学文献出版社,2014 年。

79. 王伟光:《科学发展观概论》,人民出版社,2009 年。

80. 王新颖主编:《奇迹的建构:海外学者论中国模式》,中央编译出版社,2011 年。

81. 王学俭:《社会主义价值论纲》,人民出版社,2016 年。

82. 魏加宁、王莹莹:《改革方法论与推进方式研究》,中国发展出版社,2015 年。

83. 魏礼群:《改革论集》,人民出版社,2016 年。

84. 吴敬琏、马国川:《重启改革议程》,生活·读书·新知三联书店,2012 年。

85. 吴敬琏、俞可平:《改革共识与中国未来》,中央编译出版社,2013 年。

86. 萧冬连:《国步艰难——中国社会主义路径的五次选择》,社会科学文献出版社,2013 年。

87. 徐斌:《制度建设与人的自由全面发展》,人民出版社,2012 年。

88. 徐斌:《中国改革为什么能成功》,世界图书出版社,2018 年。

89. 徐崇温:《中国特色社会主义研究》,中国社会科学出版社,2012 年。

90. 杨海英主编:《全面深化改革研究》,中国人民大学出版社,2016 年。

91. 于洪生、缪开金编:《改革开放实践与中国特色社会主义理论体系》,人民出版社,2010 年。

92. 袁银传:《中国特色社会主义理论体系的基本特征研究》,武汉大学出版社,2014 年。

93. 詹宏伟:《中国改革与个人主体》,中国社会科学出版社,2014 年。

94. 张鸿文主编:《社会主义改革学原理》,天津大学出版社,1991 年。

95. 张一兵主编:《辩证思维》,江苏人民出版社,2015 年。

96. 郑云天:《国外中国特色社会主义研究评析》,人民出版社,2016 年。

97. 周瑞金、皇甫平:《中国改革何处去》,浙江人民出版社,2016 年。

98. 周一兵:《中国方略》,人民出版社,2016 年。

99. 庄福岭:《简明马克思主义史》,人民出版社,2013 年。

100. 卓泽渊:《法治国家论》,法律出版社,2003 年。

四、外文译著

101.［美］保罗·萨缪尔森、威廉·诺德豪斯：《经济学》（第16版），萧琛等译，华夏出版社，1999年。

102.［美］本尼迪克特·安德森：《相信的共同体》，吴叡人译，上海人民出版社，2003年。

103.［美］傅高义：《邓小平时代》，冯克利译，生活·读书·新知三联书店，2013年。

104.［美］亨利·基辛格：《论中国》，胡利平等译，中信出版社，2012年。

105.［美］乔舒亚·库珀·雷默：《中国形象：外国学者眼里的中国》，沈晓雷等译，社会科学出版社，2008年。

106.［美］萨缪尔森：《经济学》，高鸿业译，中国经济发展出版社，1992年。

107.［希］亚里士多德：《尼各马可伦理学》，廖申白译，商务印书馆，2003年。

五、期刊文章：

110.曹光章：《党的十六大以来的文化体制改革历程》，《毛泽东邓小平理论研究》，2014年第9期。

111.陈荷夫：《民社会主义模式与中国前途评析》，《政治学研究》，2011年第2期。

112.陈学明：《中国道路对马克思主义的证伪》，《南京政治学院学报》，2015年第3期。

113.迟福林：《改革的新形势与顶层设计》，《决策与信息》，2011年第8期。

114.戴佳朋：《科学把握中国特色社会主义人本价值》，《中共山西省委党校学报》，2017年第8期。

115. 高放:《三种政治社会思潮、两种社会制度共存和发展》,《理论学刊》,2007 年第 6 期。

116. 李媛、任保平:《改革开放前中国经济社会发展绩效评价》,《当代中国史研究》,2015 年第 4 期。

117. 刘国光:《经济学教学和研究中的一些问题》,《经济研究》,2005 年第 10 期。

118. 吕薇洲:《坚持公有制为主体、多种所有制经济共同发展》,《红旗文稿》,2009 年第 20 期。

119. 孟鑫:《时代主题转换下中国发展道路的新探索》,《党政研究》,2016 年第 1 期。

120. 秦刚:《改革开放与中国特色社会主义的创新》,《当代世界与社会主义》,2018 年第 6 期。

121. 童萍:《中国特色社会主义理论的哲学解析》,《天府新论》,2010 年第 3 期。

122. 王贵秀:《冲破极左阻力,推进政治体制改革》,《探索与争鸣》,2012 年第 4 期。

123. 王怀超:《中国改革开放的历史进程与基本经验》,《科学社会主义》,2009 年第 6 期。

124. 王伟光:《坚持人民民主专政并不输理》,《红旗文稿》,2014 年第 18 期。

125. 王晓辉:《积极培育和践行社会主义核心价值观》,《求是》,2012 年第 23 期。

126. 王占阳:《走党建与政改相结合的道路》,《人民论坛》,2013 年第 10 期。

127. 肖瑛:《从"国家与社会"到"制度与生活":中国社会变迁研究的视角转换》,《中国社会科学》,2014 年第 9 期。

128. 谢韬:《民主社会主义模式与中国前途》,《炎黄春秋》,2007 年第

2 期。

129. 燕继荣:《中国的社会自治》,《中国治理评论》,2012 年第 4 期。

130. 俞可平:《民主是个好东西》,《理论参考》,2007 年第 9 期。

131. 张福运:《关于回顾改革动力与思考》,《毛泽东邓小平理论研究》,2010 年第 9 期。

132. 张国宏:《中国特色社会主义文化发展道路的内涵解析》,《思想理论教育导刊》,2012 年第 7 期。

133. 张澎军:《科学回答人类的"世界之问"——中国特色社会主义的世界性价值》,《思想教育研究》,2013 年第 2 期。

134. 周瑞金:《中国改革动力的历史考察》,《改革论坛》,2009 年第 9 期。

后　记

　　本书是由我的博士论文改编而来。我的研究方向专注于中国特色社会主义建设，博士毕业后一直从事"毛泽东思想和中国特色社会主义理论体系概论"课程教学。自此，将马克思主义中国化、党史党建研究作为我的学术旨趣，先后在学术期刊发表论文十余篇，已主持完成省部级课题五项。本书的出版要感谢我的博士导师孟鑫教授的细致指导和鞭策鼓励，同时也感谢天津人民出版社的编辑武建臣老师无微不至的帮助。

　　本书全面梳理了改革开放四十多年的历程，对改革开放四十多年来取得的伟大成就的经验进行了理论和实践两个维度的分析。对其经验的理论总结，从根本上捍卫了改革开放的社会主义本质；对其经验的实践总结，从学理上回答了改革开放顺利推进的原因，从方法论上阐释了社会主义改革的中国特色。

　　本书从立意到成稿耗时近三年。现在读来，有的观点和资料在运用上还不够成熟，但是真实地记录了我在博士期间个人成长的足迹。诚恳希望各位专家批评指正！

戴佳朋

2021 年 12 月